구약8

열왕기상 | 열왕기하

1,2 Kings

의 손글씨

시작한 날 . . .

마친 날 . . .

MISSION TORCH

성경읽기표 | Bible Writing Plan

구약(　　　년　　월　　일부터　　　　년　　월　　일까지)

모세모경

책																								
창 세 기	1	2	3	4	5	6	7	8	9	10	11	12	13	14	15	16	17	18	19	20	21	22	23	24
	25	26	27	28	29	30	31	32	33	34	35	36	37	38	39	40	41	42	43	44	45	46	47	48
	49	50																						
출 애 굽 기	1	2	3	4	5	6	7	8	9	10	11	12	13	14	15	16	17	18	19	20	21	22	23	24
	25	26	27	28	29	30	31	32	33	34	35	36	37	38	39	40								
레 위 기	1	2	3	4	5	6	7	8	9	10	11	12	13	14	15	16	17	18	19	20	21	22	23	24
	25	26	27																					
민 수 기	1	2	3	4	5	6	7	8	9	10	11	12	13	14	15	16	17	18	19	20	21	22	23	24
	25	26	27	28	29	30	31	32	33	34	35	36												
신 명 기	1	2	3	4	5	6	7	8	9	10	11	12	13	14	15	16	17	18	19	20	21	22	23	24
	25	26	27	28	29	30	31	32	33	34														

역사서

책																								
여 호 수 아	1	2	3	4	5	6	7	8	9	10	11	12	13	14	15	16	17	18	19	20	21	22	23	24
사 사 기	1	2	3	4	5	6	7	8	9	10	11	12	13	14	15	16	17	18	19	20	21			
룻 기	1	2	3	4																				
사 무 엘 상	1	2	3	4	5	6	7	8	9	10	11	12	13	14	15	16	17	18	19	20	21	22	23	24
	25	26	27	28	29	30	31																	
사 무 엘 하	1	2	3	4	5	6	7	8	9	10	11	12	13	14	15	16	17	18	19	20	21	22	23	24
열 왕 기 상	1	2	3	4	5	6	7	8	9	10	11	12	13	14	15	16	17	18	19	20	21	22		
열 왕 기 하	1	2	3	4	5	6	7	8	9	10	11	12	13	14	15	16	17	18	19	20	21	22	23	24
	25																							
역 대 상	1	2	3	4	5	6	7	8	9	10	11	12	13	14	15	16	17	18	19	20	21	22	23	24
	25	26	27	28	29																			
역 대 하	1	2	3	4	5	6	7	8	9	10	11	12	13	14	15	16	17	18	19	20	21	22	23	24
	25	26	27	28	29	30	31	32	33	34	35	36												
에 스 라	1	2	3	4	5	6	7	8	9	10														
느 헤 미 야	1	2	3	4	5	6	7	8	9	10	11	12	13											
에 스 더	1	2	3	4	5	6	7	8	9	10														

시가서

책																								
욥 기	1	2	3	4	5	6	7	8	9	10	11	12	13	14	15	16	17	18	19	20	21	22	23	24
	25	26	27	28	29	30	31	32	33	34	35	36	37	38	39	40	41	42						
시 편	1	2	3	4	5	6	7	8	9	10	11	12	13	14	15	16	17	18	19	20	21	22	23	24
	25	26	27	28	29	30	31	32	33	34	35	36	37	38	39	40	41	42	43	44	45	46	47	48
	49	50	51	52	53	54	55	56	57	58	59	60	61	62	63	64	65	66	67	68	69	70	71	72
	73	74	75	76	77	78	79	80	81	82	83	84	85	86	87	88	89	90	91	92	93	94	95	96
	97	98	99	100	101	102	103	104	105	106	107	108	109	110	111	112	113	114	115	116	117	118	119	120
	121	122	123	124	125	126	127	128	129	130	131	132	133	134	135	136	137	138	139	140	141	142	143	144
	145	146	147	148	149	150																		
잠 언	1	2	3	4	5	6	7	8	9	10	11	12	13	14	15	16	17	18	19	20	21	22	23	24
	25	26	27	28	29	30	31																	
전 도 서	1	2	3	4	5	6	7	8	9	10	11	12												
아 가	1	2	3	4	5	6	7	8																

선지서

책																								
이 사 야	1	2	3	4	5	6	7	8	9	10	11	12	13	14	15	16	17	18	19	20	21	22	23	24
	25	26	27	28	29	30	31	32	33	34	35	36	37	38	39	40	41	42	43	44	45	46	47	48
	49	50	51	52	53	54	55	56	57	58	59	60	61	62	63	64	65	66						

예 레 미 야	1	2	3	4	5	6	7	8	9	10	11	12	13	14	15	16	17	18	19	20	21	22	23	24
	25	26	27	28	29	30	31	32	33	34	35	36	37	38	39	40	41	42	43	44	45	46	47	48
	49	50	51	52																				
예레미야애가	1	2	3	4	5																			
에 스 겔	1	2	3	4	5	6	7	8	9	10	11	12	13	14	15	16	17	18	19	20	21	22	23	24
	25	26	27	28	29	30	31	32	33	34	35	36	37	38	39	40	41	42	43	44	45	46	47	48
다 니 엘	1	2	3	4	5	6	7	8	9	10	11	12												
호 세 아	1	2	3	4	5	6	7	8	9	10	11	12	13	14										
요 엘	1	2	3																					
아 모 스	1	2	3	4	5	6	7	8	9															
오 바 댜	1																							
요 나	1	2	3	4																				
미 가	1	2	3	4	5	6	7																	
나 훔	1	2	3																					
하 박 국	1	2	3																					
스 바 냐	1	2	3																					
학 개	1	2																						
스 가 랴	1	2	3	4	5	6	7	8	9	10	11	12	13	14										
말 라 기	1	2	3	4																				

신약(년 월 일부터 년 월 일까지)

복음,역사서

마 태 복 음	1	2	3	4	5	6	7	8	9	10	11	12	13	14	15	16	17	18	19	20	21	22	23	24
	25	26	27	28																				
마 가 복 음	1	2	3	4	5	6	7	8	9	10	11	12	13	14	15	16								
누 가 복 음	1	2	3	4	5	6	7	8	9	10	11	12	13	14	15	16	17	18	19	20	21	22	23	24
요 한 복 음	1	2	3	4	5	6	7	8	9	10	11	12	13	14	15	16	17	18	19	20	21			
사 도 행 전	1	2	3	4	5	6	7	8	9	10	11	12	13	14	15	16	17	18	19	20	21	22	23	24
	25	26	27	28																				

서신서

로 마 서	1	2	3	4	5	6	7	8	9	10	11	12	13	14	15	16								
고린도전서	1	2	3	4	5	6	7	8	9	10	11	12	13	14	15	16								
고린도후서	1	2	3	4	5	6	7	8	9	10	11	12	13											
갈라디아서	1	2	3	4	5	6																		
에 베 소 서	1	2	3	4	5	6																		
빌 립 보 서	1	2	3	4																				
골 로 새 서	1	2	3	4																				
데살로니가전서	1	2	3	4	5																			
데살로니가후서	1	2	3																					
디모데전서	1	2	3	4	5	6																		
디모데후서	1	2	3	4																				
디 도 서	1	2	3																					
빌 레 몬 서	1																							
히 브 리 서	1	2	3	4	5	6	7	8	9	10	11	12	13											
야 고 보 서	1	2	3	4	5																			
베드로전서	1	2	3	4	5																			
베드로후서	1	2	3																					
요 한 일 서	1	2	3	4	5																			
요 한 이 서	1																							
요 한 삼 서	1																							
유 다 서	1																							

예언서

요한계시록	1	2	3	4	5	6	7	8	9	10	11	12	13	14	15	16	17	18	19	20	21	22		

▶ 공동체 성경쓰기 운동_ 써바이블

"써(Write) 바이블(Bible)"은 공동체 성경쓰기의 타이틀로, 우리의 생존(Survival)에 성경이 가장 소중하다는 의미를 담고 있으며, 가장 기본인 말씀으로 돌아가기를 시작하자는 손글씨성경쓰기 운동입니다.

손글씨 성경_ 읽고, 쓰고, 마음판에 새기다

기독교는 말씀의 종교라고 합니다. 그것은 하나님께서 주신 '말씀'(성경)으로부터 모든 역사를 이루어 왔기 때문입니다. 따라서 모든 그리스도인들은 하나님께서 주신 말씀을 읽고, 묵상하고, 다시 적용하는 '신앙인의 삶'을 가장 우선순위에 둡니다. 말씀을 읽지 않고 하나님을 예배할 수 없고, 말씀을 묵상하지 않고 하나님의 계획을 알 수 없고, 말씀을 적용하지 않고 성화될 수 없기 때문입니다. 성경을 읽고 마음판에 새기기 위하여 쓰기의 중요성과 필요성은 아무리 강조해도 지나치지 않습니다.

▶ 성경읽기와 쓰기의 중요성과 필요성

① 성경은 하나님의 말씀이며 하나님의 계획을 담고 있기에, 읽고 쓰고 마음판에 새겨야 합니다.
② 성경은 우리를 향한 하나님의 사랑의 표현이기 때문에, 읽고 쓰고 마음판에 새겨야 합니다.
③ 성경은 우리를 구속하기 위한 하나님의 은혜이기 때문에, 읽고 쓰고 마음판에 새겨야 합니다.
④ 성경은 우리를 진리로 인도하기 때문에, 읽고 쓰고 마음판에 새겨야 합니다.
⑤ 성경을 읽고 쓰는 것은 모든 그리스도인들에게 선택이 아닌 필수입니다.

"이 율법책을 네 입에서 떠나지 말게 하며
주야로 그것을 묵상하여 그 안에 기록된 대로 다 지켜 행하라
그리하면 네 길이 평탄하게 될 것이며 네가 형통하리라"
(수 1:8)

손글씨 성경

열왕기상 1Kings

다윗이 늙은 때

1 다윗 왕이 나이가 많아 늙으니 이불을
덮어도 따뜻하지 아니한지라
2 그의 시종들이 왕께 아뢰되 우리 주 왕
을 위하여 젊은 처녀 하나를 구하여 그로
왕을 받들어 모시게 하고 왕의 품에 누워
우리 주 왕으로 따뜻하시게 하리이다 하
고
3 이스라엘 사방 영토 내에 아리따운 처
녀를 구하던 중 수넴 여자 아비삭을 얻어
왕께 데려왔으니
4 이 처녀는 심히 아름다워 그가 왕을 받
들어 시중들었으나 왕이 잠자리는 같이
하지 아니하였더라

아도니야가 왕이 되고자 하다

5 그 때에 학깃의 아들 아도니야가 스스
로 높여서 이르기를 내가 왕이 되리라 하
고 자기를 위하여 병거와 기병과 호위병
오십 명을 준비하니
6 그는 압살롬 다음에 태어난 자요 용모
가 심히 준수한 자라 그의 아버지가 네가
어찌하여 그리 하였느냐고 하는 말로 한
번도 그를 섭섭하게 한 일이 없었더라
7 아도니야가 스루야의 아들 요압과 제
사장 아비아달과 모의하니 그들이 따르
고 도우나
8 제사장 사독과 여호야다의 아들 브나

다윗이 늙은 때

1

2

3

4

아도니야가 왕이 되고자 하다

5

6

7

8

야와 선지자 나단과 시므이와 레이와 다
윗의 용사들은 아도니야와 같이 하지 아
니하였더라

9 아도니야가 에느로겔 근방 소헬렛 바
위 곁에서 양과 소와 살찐 송아지를 잡고
왕자 곧 자기의 모든 동생과 왕의 신하 된
유다 모든 사람을 다 청하였으나

10 선지자 나단과 브나야와 용사들과 자
기 동생 솔로몬은 청하지 아니하였더라

솔로몬이 왕이 되다

11 나단이 솔로몬의 어머니 밧세바에게
말하여 이르되 학깃의 아들 아도니야가
왕이 되었음을 듣지 못하였나이까 우리
주 다윗은 알지 못하시나이다

12 이제 내게 당신의 생명과 당신의 아들
솔로몬의 생명을 구할 계책을 말하도록
허락하소서

13 당신은 다윗 왕 앞에 들어가서 아뢰기
를 내 주 왕이여 전에 왕이 여종에게 맹세
하여 이르시기를 네 아들 솔로몬이 반드
시 나를 이어 왕이 되어 내 왕위에 앉으리
라 하지 아니하셨나이까 그런데 아도니
야가 무슨 이유로 왕이 되었나이까 하소
서

14 당신이 거기서 왕과 말씀하실 때에 나
도 뒤이어 들어가서 당신의 말씀을 확증
하리이다

15 밧세바가 이에 침실에 들어가 왕에게
이르니 왕이 심히 늙었으므로 수넴 여자
아비삭이 시중들었더라

9
10
솔로몬이 왕이 되다
11
12
13
14
15

16 밧세바가 몸을 굽혀 왕께 절하니 왕이 이르되 어찌 됨이냐	16
17 그가 왕께 대답하되 내 주여 왕이 전에 왕의 하나님 여호와를 가리켜 여종에게 맹세하시기를 네 아들 솔로몬이 반드시 나를 이어 왕이 되어 내 왕위에 앉으리라 하셨거늘	17
18 이제 아도니야가 왕이 되었어도 내 주 왕은 알지 못하시나이다	18
19 그가 수소와 살찐 송아지와 양을 많이 잡고 왕의 모든 아들과 제사장 아비아달 과 군사령관 요압을 청하였으나 왕의 종 솔로몬은 청하지 아니하였나이다	19
20 내 주 왕이여 온 이스라엘이 왕에게 다 주목하고 누가 내 주 왕을 이어 그 왕위에 앉을지를 공포하시기를 기다리나이다	20
21 그렇지 아니하면 내 주 왕께서 그의 조 상들과 함께 잘 때에 나와 내 아들 솔로몬 은 죄인이 되리이다	21
22 밧세바가 왕과 말할 때에 선지자 나단 이 들어온지라	22
23 어떤 사람이 왕께 말하여 이르되 선지 자 나단이 여기 있나이다 하니 그가 왕 앞 에 들어와서 얼굴을 땅에 대고 왕께 절하 고	23
24 이르되 내 주 왕께서 이르시기를 아도 니야가 나를 이어 왕이 되어 내 왕위에 앉 으리라 하셨나이까	24
25 그가 오늘 내려가서 수소와 살찐 송아 지와 양을 많이 잡고 왕의 모든 아들과 군	25

사령관들과 제사장 아비아달을 청하였는
데 그들이 아도니야 앞에서 먹고 마시며
아도니야 왕은 만세수를 하옵소서 하였
나이다

26 그러나 왕의 종 나와 제사장 사독과 여 26
호야다의 아들 브나야와 왕의 종 솔로몬
은 청하지 아니하였사오니

27 이것이 내 주 왕께서 정하신 일이니이 27
까 그런데 왕께서 내 주 왕을 이어 그 왕
위에 앉을 자를 종에게 알게 하지 아니하
셨나이다

28 다윗 왕이 명령하여 이르되 밧세바를 28
내 앞으로 부르라 하매 그가 왕의 앞으로
들어가 그 앞에 서는지라

29 왕이 이르되 내 생명을 모든 환난에서 29
구하신 여호와께서 살아 계심을 두고 맹
세하노라

30 내가 이전에 이스라엘의 하나님 여호 30
와를 가리켜 네게 맹세하여 이르기를 네
아들 솔로몬이 반드시 나를 이어 왕이 되
고 나를 대신하여 내 왕위에 앉으리라 하
였으니 내가 오늘 그대로 행하리라

31 밧세바가 얼굴을 땅에 대고 절하며 내 31
주 다윗 왕은 만세수를 하옵소서 하니라

32 다윗 왕이 이르되 제사장 사독과 선지 32
자 나단과 여호야다의 아들 브나야를 내
앞으로 부르라 하니 그들이 왕 앞에 이른
지라

33 왕이 그들에게 이르되 너희는 너희 주 33
의 신하들을 데리고 내 아들 솔로몬을 내

노새에 태우고 기혼으로 인도하여 내려
가고
34 거기서 제사장 사독과 선지자 나단은
그에게 기름을 부어 이스라엘 왕으로 삼
고 너희는 뿔나팔을 불며 솔로몬 왕은 만
세수를 하옵소서 하고
35 그를 따라 올라오라 그가 와서 내 왕위
에 앉아 나를 대신하여 왕이 되리라 내가
그를 세워 이스라엘과 유다의 통치자로
지명하였느니라
36 여호야다의 아들 브나야가 왕께 대답
하여 이르되 아멘 내 주 왕의 하나님 여호
와께서도 이렇게 말씀하시기를 원하오며
37 또 여호와께서 내 주 왕과 함께 계심
같이 솔로몬과 함께 계셔서 그의 왕위를
내 주 다윗 왕의 왕위보다 더 크게 하시기
를 원하나이다 하니라
38 제사장 사독과 선지자 나단과 여호야
다의 아들 브나야와 그렛 사람과 블렛 사
람이 내려가서 솔로몬을 다윗 왕의 노새
에 태우고 인도하여 기혼으로 가서
39 제사장 사독이 성막 가운데에서 기름
담은 뿔을 가져다가 솔로몬에게 기름을
부으니 이에 뿔나팔을 불고 모든 백성이
솔로몬 왕은 만세수를 하옵소서 하니라
40 모든 백성이 그를 따라 올라와서 피리
를 불며 크게 즐거워하므로 땅이 그들의
소리로 말미암아 갈라질 듯하니
41 아도니야와 그와 함께 한 손님들이 먹
기를 마칠 때에 다 들은지라 요압이 뿔나

34

35

36

37

38

39

40

41

팔 소리를 듣고 이르되 어찌하여 성읍 중
에서 소리가 요란하냐

42 말할 때에 제사장 아비아달의 아들 요
나단이 오는지라 아도니야가 이르되 들
어오라 너는 용사라 아름다운 소식을 가
져오는도다

43 요나단이 아도니야에게 대답하여 이
르되 과연 우리 주 다윗 왕이 솔로몬을 왕
으로 삼으셨나이다

44 왕께서 제사장 사독과 선지자 나단과
여호야다의 아들 브나야와 그렛 사람과
블렛 사람을 솔로몬과 함께 보내셨는데
그들 무리가 왕의 노새에 솔로몬을 태워
다가

45 제사장 사독과 선지자 나단이 기혼에
서 기름을 부어 왕으로 삼고 무리가 그 곳
에서 올라오며 즐거워하므로 성읍이 진
동하였나니 당신들에게 들린 소리가 이
것이라

46 또 솔로몬도 왕좌에 앉아 있고

47 왕의 신하들도 와서 우리 주 다윗 왕에
게 축복하여 이르기를 왕의 하나님이 솔로
몬의 이름을 왕의 이름보다 더 아름답게 하
시고 그의 왕위를 왕의 위보다 크게 하시기
를 원하나이다 하매 왕이 침상에서 몸을 굽
히고

48 또한 이르시기를 이스라엘의 하나님
여호와를 찬송하리로다 여호와께서 오늘
내 왕위에 앉을 자를 주사 내 눈으로 보게
하셨도다 하셨나이다 하니

42

43

44

45

46

47

48

49 아도니야와 함께 한 손님들이 다 놀라
일어나 각기 갈 길로 간지라
50 아도니야도 솔로몬을 두려워하여 일
어나 가서 제단 뿔을 잡으니
51 어떤 사람이 솔로몬에게 말하여 이르
되 아도니야가 솔로몬 왕을 두려워하여
지금 제단 뿔을 잡고 말하기를 솔로몬 왕
이 오늘 칼로 자기 종을 죽이지 않겠다고
내게 맹세하기를 원한다 하나이다
52 솔로몬이 이르되 그가 만일 선한 사람
일진대 그의 머리털 하나도 땅에 떨어지
지 아니하려니와 그에게 악한 것이 보이
면 죽으리라 하고
53 사람을 보내어 그를 제단에서 이끌어
내리니 그가 와서 솔로몬 왕께 절하매 솔
로몬이 이르기를 네 집으로 가라 하였더
라

다윗이 솔로몬에게 마지막으로 이르다

2 다윗이 죽을 날이 임박하매 그의 아들
솔로몬에게 명령하여 이르되
2 내가 이제 세상 모든 사람이 가는 길로
가게 되었노니 너는 힘써 대장부가 되고
3 네 하나님 여호와의 명령을 지켜 그 길
로 행하여 그 법률과 계명과 율례와 증거
를 모세의 율법에 기록된 대로 지키라 그
리하면 네가 무엇을 하든지 어디로 가든
지 형통할지라
4 여호와께서 내 일에 대하여 말씀하시
기를 만일 네 자손들이 그들의 길을 삼가
마음을 다하고 성품을 다하여 진실히 내

49
50
51
52
53
다윗이 솔로몬에게 마지막으로 이르다
2
2
3
4

앞에서 행하면 이스라엘 왕위에 오를 사
람이 네게서 끊어지지 아니하리라 하신
말씀을 확실히 이루게 하시리라

5 스루야의 아들 요압이 내게 행한 일 곧
이스라엘 군대의 두 사령관 넬의 아들 아
브넬과 예델의 아들 아마사에게 행한 일
을 네가 알거니와 그가 그들을 죽여 태평
시대에 전쟁의 피를 흘리고 전쟁의 피를
자기의 허리에 띤 띠와 발에 신은 신에 묻
혔으니

6 네 지혜대로 행하여 그의 백발이 평안
히 스올에 내려가지 못하게 하라

7 마땅히 길르앗 바르실래의 아들들에
게 은총을 베풀어 그들이 네 상에서 먹는
자 중에 참여하게 하라 내가 네 형 압살롬
의 낯을 피하여 도망할 때에 그들이 내게
나왔느니라

8 바후림 베냐민 사람 게라의 아들 시므
이가 너와 함께 있나니 그는 내가 마하나
임으로 갈 때에 악독한 말로 나를 저주하
였느니라 그러나 그가 요단에 내려와서
나를 영접하므로 내가 여호와를 두고 맹
세하여 이르기를 내가 칼로 너를 죽이지
아니하리라 하였노라

9 그러나 그를 무죄한 자로 여기지 말지
어다 너는 지혜 있는 사람이므로 그에게
행할 일을 알지니 그의 백발이 피 가운데
스올에 내려가게 하라

다윗이 죽다

10 다윗이 그의 조상들과 함께 누워 다윗

5

6

7

8

9

다윗이 죽다

10

성에 장사되니
11 다윗이 이스라엘 왕이 된 지 사십 년이
라 헤브론에서 칠 년 동안 다스렸고 예루
살렘에서 삼십삼 년 동안 다스렸더라
12 솔로몬이 그의 아버지 다윗의 왕위에
앉으니 그의 나라가 심히 견고하니라

아도니야가 죽임을 당하다

13 학깃의 아들 아도니야가 솔로몬의 어
머니 밧세바에게 나아온지라 밧세바가
이르되 네가 화평한 목적으로 왔느냐 대
답하되 화평한 목적이니이다
14 또 이르되 내가 말씀드릴 일이 있나이
다 밧세바가 이르되 말하라
15 그가 이르되 당신도 아시는 바이거니
와 이 왕위는 내 것이었고 온 이스라엘은
다 얼굴을 내게로 향하여 왕으로 삼으려
하였는데 그 왕권이 돌아가 내 아우의 것
이 되었음은 여호와께로 말미암음이니이
다
16 이제 내가 한 가지 소원을 당신에게 구
하오니 내 청을 거절하지 마옵소서 밧세
바가 이르되 말하라
17 그가 이르되 청하건대 솔로몬 왕에게
말씀하여 그가 수넴 여자 아비삭을 내게
주어 아내를 삼게 하소서 왕이 당신의 청
을 거절하지 아니하리이다
18 밧세바가 이르되 좋다 내가 너를 위하
여 왕께 말하리라
19 밧세바가 이에 아도니야를 위하여 말
하려고 솔로몬 왕에게 이르니 왕이 일어

11

12

아도니야가 죽임을 당하다

13

14

15

16

17

18

19

나 영접하여 절한 후에 다시 왕좌에 앉고
그의 어머니를 위하여 자리를 베푸니 그
가 그의 오른쪽에 앉는지라

20 밧세바가 이르되 내가 한 가지 작은 일
로 왕께 구하오니 내 청을 거절하지 마소
서 왕이 대답하되 내 어머니여 구하소서
내가 어머니의 청을 거절하지 아니하리
이다

21 이르되 청하건대 수넴 여자 아비삭을
아도니야에게 주어 아내로 삼게 하소서

22 솔로몬 왕이 그의 어머니에게 대답하
여 이르되 어찌하여 아도니야를 위하여
수넴 여자 아비삭을 구하시나이까 그는
나의 형이오니 그를 위하여 왕권도 구하
옵소서 그뿐 아니라 제사장 아비아달과
스루야의 아들 요압을 위해서도 구하옵
소서 하고

23 여호와를 두고 맹세하여 이르되 아도
니야가 이런 말을 하였은즉 그의 생명을
잃지 아니하면 하나님은 내게 벌 위에 벌
을 내리심이 마땅하니이다

24 그러므로 이제 나를 세워 내 아버지 다
윗의 왕위에 오르게 하시고 허락하신 말
씀대로 나를 위하여 집을 세우신 여호와
께서 살아 계심을 두고 맹세하노니 아도
니야는 오늘 죽임을 당하리라 하고

25 여호야다의 아들 브나야를 보내매 그
가 아도니야를 쳐서 죽였더라

아비아달의 추방과 요압의 처형

26 왕이 제사장 아비아달에게 이르되 네

20

21

22

23

24

25

아비아달의 추방과 요압의 처형

26

고향 아나돗으로 가라 너는 마땅히 죽을
자이로되 네가 내 아버지 다윗 앞에서 주
여호와의 궤를 메었고 또 내 아버지가 모
든 환난을 받을 때에 너도 환난을 받았은
즉 내가 오늘 너를 죽이지 아니하노라 하
고

27 아비아달을 쫓아내어 여호와의 제사
장 직분을 파면하니 여호와께서 실로에
서 엘리의 집에 대하여 하신 말씀을 응하
게 함이더라

28 그 소문이 요압에게 들리매 그가 여호
와의 장막으로 도망하여 제단 뿔을 잡으
니 이는 그가 다윗을 떠나 압살롬을 따르
지 아니하였으나 아도니야를 따랐음이더
라

29 어떤 사람이 솔로몬 왕에게 아뢰되 요
압이 여호와의 장막으로 도망하여 제단
곁에 있나이다 솔로몬이 여호야다의 아
들 브나야를 보내며 이르되 너는 가서 그
를 치라

30 브나야가 여호와의 장막에 이르러 그
에게 이르되 왕께서 나오라 하시느니라
그가 대답하되 아니라 내가 여기서 죽겠
노라 브나야가 돌아가서 왕께 아뢰어 이
르되 요압이 이리이리 내게 대답하더이
다

31 왕이 이르되 그의 말과 같이 하여 그를
죽여 묻으라 요압이 까닭 없이 흘린 피를
나와 내 아버지의 집에서 네가 제하리라

32 여호와께서 요압의 피를 그의 머리로

27

28

29

30

31

32

돌려보내실 것은 그가 자기보다 의롭고
선한 두 사람을 쳤음이니 곧 이스라엘 군
사령관 넬의 아들 아브넬과 유다 군사령
관 예델의 아들 아마사를 칼로 죽였음이
라 이 일을 내 아버지 다윗은 알지 못하셨
나니

33 그들의 피는 영영히 요압의 머리와 그
의 자손의 머리로 돌아갈지라도 다윗과
그의 자손과 그의 집과 그의 왕위에는 여
호와께로 말미암는 평강이 영원히 있으
리라

34 여호야다의 아들 브나야가 곧 올라가
서 그를 쳐죽이매 그가 광야에 있는 자기
의 집에 매장되니라

35 왕이 이에 여호야다의 아들 브나야를
요압을 대신하여 군사령관으로 삼고 또
제사장 사독으로 아비아달을 대신하게
하니라

시므이가 처형되다

36 왕이 사람을 보내어 시므이를 불러서
이르되 너는 예루살렘에서 너를 위하여
집을 짓고 거기서 살고 어디든지 나가지
말라

37 너는 분명히 알라 네가 나가서 기드론
시내를 건너는 날에는 반드시 죽임을 당
하리니 네 피가 네 머리로 돌아가리라

38 시므이가 왕께 대답하되 이 말씀이 좋
사오니 내 주 왕의 말씀대로 종이 그리 하
겠나이다 하고 이에 날이 오래도록 예루
살렘에 머무니라

33

34

35

시므이가 처형되다

36

37

38

39 삼 년 후에 시므이의 두 종이 가드 왕
마아가의 아들 아기스에게로 도망하여
간지라 어떤 사람이 시므이에게 말하여
이르되 당신의 종이 가드에 있나이다

40 시므이가 그 종을 찾으려고 일어나 그
의 나귀에 안장을 지우고 가드로 가서 아
기스에게 나아가 그의 종을 가드에서 데
려왔더니

41 시므이가 예루살렘에서부터 가드에
갔다가 돌아온 일을 어떤 사람이 솔로몬
에게 말한지라

42 왕이 사람을 보내어 시므이를 불러서
이르되 내가 너에게 여호와를 두고 맹세
하게 하고 경고하여 이르기를 너는 분명
히 알라 네가 밖으로 나가서 어디든지 가
는 날에는 죽임을 당하리라 하지 아니하
였느냐 너도 내게 말하기를 내가 들은 말
씀이 좋으니이다 하였거늘

43 네가 어찌하여 여호와를 두고 한 맹세
와 내가 네게 이른 명령을 지키지 아니하
였느냐

44 왕이 또 시므이에게 이르되 네가 네 마
음으로 아는 모든 악 곧 내 아버지에게 행
한 바를 네가 스스로 아나니 여호와께서
네 악을 네 머리로 돌려보내시리라

45 그러나 솔로몬 왕은 복을 받고 다윗의
왕위는 영원히 여호와 앞에서 견고히 서
리라 하고

46 여호야다의 아들 브나야에게 명령하
매 그가 나가서 시므이를 치니 그가 죽은

39

40

41

42

43

44

45

46

지라 이에 나라가 솔로몬의 손에 견고하
여지니라

솔로몬이 지혜를 구하다(대하 1:3-12)

3 솔로몬이 애굽의 왕 바로와 더불어
혼인 관계를 맺어 그의 딸을 맞이하
고 다윗 성에 데려다가 두고 자기의 왕궁
과 여호와의 성전과 예루살렘 주위의 성
의 공사가 끝나기를 기다리니라

2 그 때까지 여호와의 이름을 위하여 성
전을 아직 건축하지 아니하였으므로 백
성들이 산당에서 제사하며

3 솔로몬이 여호와를 사랑하고 그의 아
버지 다윗의 법도를 행하였으나 산당에
서 제사하며 분향하더라

4 이에 왕이 제사하러 기브온으로 가니
거기는 산당이 큼이라 솔로몬이 그 제단
에 일천 번제를 드렸더니

5 기브온에서 밤에 여호와께서 솔로몬
의 꿈에 나타나시니라 하나님이 이르시
되 내가 네게 무엇을 줄꼬 너는 구하라

6 솔로몬이 이르되 주의 종 내 아버지 다
윗이 성실과 공의와 정직한 마음으로 주
와 함께 주 앞에서 행하므로 주께서 그에
게 큰 은혜를 베푸셨고 주께서 또 그를 위
하여 이 큰 은혜를 항상 주사 오늘과 같이
그의 자리에 앉을 아들을 그에게 주셨나
이다

7 나의 하나님 여호와여 주께서 종으로
종의 아버지 다윗을 대신하여 왕이 되게
하셨사오나 종은 작은 아이라 출입할 줄

솔로몬이 지혜를 구하다(대하 1:3-12)

3

2

3

4

5

6

7

을 알지 못하고
8 주께서 택하신 백성 가운데 있나이다
그들은 큰 백성이라 수효가 많아서 셀 수
도 없고 기록할 수도 없사오니
9 누가 주의 이 많은 백성을 재판할 수
있사오리이까 듣는 마음을 종에게 주사
주의 백성을 재판하여 선악을 분별하게
하옵소서
10 솔로몬이 이것을 구하매 그 말씀이 주
의 마음에 든지라
11 이에 하나님이 그에게 이르시되 네가
이것을 구하도다 자기를 위하여 장수하
기를 구하지 아니하며 부도 구하지 아니
하며 자기 원수의 생명을 멸하기도 구하
지 아니하고 오직 송사를 듣고 분별하는
지혜를 구하였으니
12 내가 네 말대로 하여 네게 지혜롭고 총
명한 마음을 주노니 네 앞에도 너와 같은
자가 없었거니와 네 뒤에도 너와 같은 자
가 일어남이 없으리라
13 내가 또 네가 구하지 아니한 부귀와 영
광도 네게 주노니 네 평생에 왕들 중에 너
와 같은 자가 없을 것이라
14 네가 만일 네 아버지 다윗이 행함 같이
내 길로 행하며 내 법도와 명령을 지키면
내가 또 네 날을 길게 하리라
15 솔로몬이 깨어 보니 꿈이더라 이에 예
루살렘에 이르러 여호와의 언약궤 앞에
서서 번제와 감사의 제물을 드리고 모든
신하들을 위하여 잔치하였더라

솔로몬의 재판

16 그 때에 창기 두 여자가 왕에게 와서
그 앞에 서며

17 한 여자는 말하되 내 주여 나와 이 여
자가 한집에서 사는데 내가 그와 함께 집
에 있으며 해산하였더니

18 내가 해산한 지 사흘 만에 이 여자도
해산하고 우리가 함께 있었고 우리 둘 외
에는 집에 다른 사람이 없었나이다

19 그런데 밤에 저 여자가 그의 아들 위에
누우므로 그의 아들이 죽으니

20 그가 밤중에 일어나서 이 여종 내가 잠
든 사이에 내 아들을 내 곁에서 가져다가
자기의 품에 누이고 자기의 죽은 아들을
내 품에 뉘었나이다

21 아침에 내가 내 아들을 젖 먹이려고 일
어나 본즉 죽었기로 내가 아침에 자세히
보니 내가 낳은 아들이 아니더이다 하매

22 다른 여자는 이르되 아니라 산 것은 내
아들이요 죽은 것은 네 아들이라 하고 이
여자는 이르되 아니라 죽은 것이 네 아들
이요 산 것이 내 아들이라 하며 왕 앞에서
그와 같이 쟁론하는지라

23 왕이 이르되 이 여자는 말하기를 산 것
은 내 아들이요 죽은 것은 네 아들이라 하
고 저 여자는 말하기를 아니라 죽은 것이
네 아들이요 산 것이 내 아들이라 하는도
다 하고

24 또 이르되 칼을 내게로 가져오라 하니
칼을 왕 앞으로 가져온지라

솔로몬의 재판

16

17

18

19

20

21

22

23

24

25 왕이 이르되 산 아이를 둘로 나누어 반
은 이 여자에게 주고 반은 저 여자에게 주
라

26 그 산 아들의 어머니 되는 여자가 그
아들을 위하여 마음이 불붙는 것 같아서
왕께 아뢰어 청하건대 내 주여 산 아이를
그에게 주시고 아무쪼록 죽이지 마옵소
서 하되 다른 여자는 말하기를 내 것도 되
게 말고 네 것도 되게 말고 나누게 하라
하는지라

27 왕이 대답하여 이르되 산 아이를 저 여
자에게 주고 결코 죽이지 말라 저가 그의
어머니이니라 하매

28 온 이스라엘이 왕이 심리하여 판결함
을 듣고 왕을 두려워하였으니 이는 하나
님의 지혜가 그의 속에 있어 판결함을 봄
이더라

솔로몬이 거느린 신하들

4 솔로몬 왕이 온 이스라엘의 왕이 되
었고

2 그의 신하들은 이러하니라 사독의 아
들 아사리아는 제사장이요

3 시사의 아들 엘리호렙과 아히야는 서
기관이요 아힐룻의 아들 여호사밧은 사
관이요

4 여호야다의 아들 브나야는 군사령관
이요 사독과 아비아달은 제사장이요

5 나단의 아들 아사리아는 지방 관장의
두령이요 나단의 아들 사붓은 제사장이
니 왕의 벗이요

25

26

27

28

솔로몬이 거느린 신하들

4

2

3

4

5

6 아히살은 궁내대신이요 압다의 아들 아도니람은 노동 감독관이더라	6
7 솔로몬이 또 온 이스라엘에 열두 지방 관장을 두매 그 사람들이 왕과 왕실을 위 하여 양식을 공급하되 각기 일 년에 한 달 씩 양식을 공급하였으니	7
8 그들의 이름은 이러하니라 에브라임 산지에는 벤훌이요	8
9 마가스와 사알빔과 벧세메스와 엘론 벧하난에는 벤데겔이요	9
10 아룹봇에는 벤헤셋이니 소고와 헤벨 온 땅을 그가 주관하였으며	10
11 나밧 돌 높은 땅 온 지방에는 벤아비나 답이니 그는 솔로몬의 딸 다밧을 아내로 삼았으며	11
12 다아낙과 므깃도와 이스르엘 아래 사 르단 가에 있는 벧스안 온 땅은 아힐룻의 아들 바아나가 맡았으니 벧스안에서부터 아벨므홀라에 이르고 욕느암 바깥까지 미쳤으며	12
13 길르앗 라못에는 벤게벨이니 그는 길 르앗에 있는 므낫세의 아들 야일의 모든 마을을 주관하였고 또 바산 아르곱 땅의 성벽과 놋빗장 있는 육십 개의 큰 성읍을 주관하였으며	13
14 마하나임에는 잇도의 아들 아히나답 이요	14
15 납달리에는 아히마아스이니 그는 솔 로몬의 딸 바스맛을 아내로 삼았으며	15
16 아셀과 아롯에는 후새의 아들 바아나요	16

17 잇사갈에는 바루아의 아들 여호사밧
이요
18 베냐민에는 엘라의 아들 시므이요
19 아모리 사람의 왕 시혼과 바산 왕 옥의
나라 길르앗 땅에는 우리의 아들 게벨이
니 그 땅에서는 그 한 사람만 지방 관장이
되었더라

솔로몬의 영화

20 유다와 이스라엘의 인구가 바닷가의
모래 같이 많게 되매 먹고 마시며 즐거워
하였으며
21 솔로몬이 그 강에서부터 블레셋 사람
의 땅에 이르기까지와 애굽 지경에 미치
기까지의 모든 나라를 다스리므로 솔로
몬이 사는 동안에 그 나라들이 조공을 바
쳐 섬겼더라
22 솔로몬의 하루의 음식물은 가는 밀가
루가 삼십 고르요 굵은 밀가루가 육십 고
르요
23 살진 소가 열 마리요 초장의 소가 스무
마리요 양이 백 마리이며 그 외에 수사슴
과 노루와 암사슴과 살진 새들이었더라
24 솔로몬이 그 강 건너편을 딥사에서부
터 가사까지 모두, 그 강 건너편의 왕을
모두 다스리므로 그가 사방에 둘린 민족
과 평화를 누렸으니
25 솔로몬이 사는 동안에 유다와 이스라
엘이 단에서부터 브엘세바에 이르기까지
각기 포도나무 아래와 무화과나무 아래
에서 평안히 살았더라

17

18

19

솔로몬의 영화

20

21

22

23

24

25

26 솔로몬의 병거의 말 외양간이 사만이
요 마병이 만 이천 명이며
27 그 지방 관장들은 각각 자기가 맡은 달
에 솔로몬 왕과 왕의 상에 참여하는 모든
자를 위하여 먹을 것을 공급하여 부족함
이 없게 하였으며
28 또 그들이 각기 직무를 따라 말과 준마
에게 먹일 보리와 꼴을 그 말들이 있는 곳
으로 가져왔더라
29 하나님이 솔로몬에게 지혜와 총명을
심히 많이 주시고 또 넓은 마음을 주시되
바닷가의 모래 같이 하시니
30 솔로몬의 지혜가 동쪽 모든 사람의 지
혜와 애굽의 모든 지혜보다 뛰어난지라
31 그는 모든 사람보다 지혜로워서 예스
라 사람 에단과 마홀의 아들 헤만과 갈골
과 다르다보다 나으므로 그의 이름이 사
방 모든 나라에 들렸더라
32 그가 잠언 삼천 가지를 말하였고 그의
노래는 천다섯 편이며
33 그가 또 초목에 대하여 말하되 레바논
의 백향목으로부터 담에 나는 우슬초까
지 하고 그가 또 짐승과 새와 기어다니는
것과 물고기에 대하여 말한지라
34 사람들이 솔로몬의 지혜를 들으러 왔
으니 이는 그의 지혜의 소문을 들은 천하
모든 왕들이 보낸 자들이더라

솔로몬이 성전 건축을 준비하다(대하 2:1-18)

5 솔로몬이 기름 부음을 받고 그의 아버
지를 이어 왕이 되었다 함을 두로 왕

26

27

28

29

30

31

32

33

34

솔로몬이 성전 건축을 준비하다(대하 2:1-18)

5

히람이 듣고 그의 신하들을 솔로몬에게
보냈으니 이는 히람이 평생에 다윗을 사
랑하였음이라

2 이에 솔로몬이 히람에게 사람을 보내
어 이르되

3 당신도 알거니와 내 아버지 다윗이 사
방의 전쟁으로 말미암아 그의 하나님 여
호와의 이름을 위하여 성전을 건축하지
못하고 여호와께서 그의 원수들을 그의
발바닥 밑에 두시기를 기다렸나이다

4 이제 내 하나님 여호와께서 내게 사방
의 태평을 주시매 원수도 없고 재앙도 없
도다

5 여호와께서 내 아버지 다윗에게 하신
말씀에 내가 너를 이어 네 자리에 오르게
할 네 아들 그가 내 이름을 위하여 성전을
건축하리라 하신 대로 내가 내 하나님 여
호와의 이름을 위하여 성전을 건축하려
하오니

6 당신은 명령을 내려 나를 위하여 레바
논에서 백향목을 베어내게 하소서 내 종
과 당신의 종이 함께 할 것이요 또 내가
당신의 모든 말씀대로 당신의 종의 삯을
당신에게 드리리이다 당신도 알거니와
우리 중에는 시돈 사람처럼 벌목을 잘하
는 자가 없나이다

7 히람이 솔로몬의 말을 듣고 크게 기뻐
하여 이르되 오늘 여호와를 찬양할지로
다 그가 다윗에게 지혜로운 아들을 주사
그 많은 백성을 다스리게 하셨도다 하고

2

3

4

5

6

7

8 이에 솔로몬에게 사람을 보내어 이르
되 당신이 사람을 보내어 하신 말씀을 내
가 들었거니와 내 백향목 재목과 잣나무
재목에 대하여는 당신이 바라시는 대로
할지라

9 내 종이 레바논에서 바다로 운반하겠
고 내가 그것을 바다에서 뗏목으로 엮어
당신이 지정하는 곳으로 보내고 거기서
그것을 풀리니 당신은 받으시고 내 원을
이루어 나의 궁정을 위하여 음식물을 주
소서 하고

10 솔로몬의 모든 원대로 백향목 재목과
잣나무 재목을 주매

11 솔로몬이 히람에게 그의 궁정의 음식
물로 밀 이만 고르와 맑은 기름 이십 고르
를 주고 해마다 그와 같이 주었더라

12 여호와께서 그의 말씀대로 솔로몬에
게 지혜를 주신 고로 히람과 솔로몬이 친
목하여 두 사람이 함께 약조를 맺었더라

13 이에 솔로몬 왕이 온 이스라엘 가운데
서 역군을 불러일으키니 그 역군의 수가
삼만 명이라

14 솔로몬이 그들을 한 달에 만 명씩 번갈
아 레바논으로 보내매 그들이 한 달은 레
바논에 있고 두 달은 집에 있으며 아도니
람은 감독이 되었고

15 솔로몬에게 또 짐꾼이 칠만 명이요 산
에서 돌을 뜨는 자가 팔만 명이며

16 이 외에 그 사역을 감독하는 관리가 삼
천삼백 명이라 그들이 일하는 백성을 거

8

9

10

11

12

13

14

15

16

느렸더라
17 이에 왕이 명령을 내려 크고 귀한 돌을
떠다가 다듬어서 성전의 기초석으로 놓
게 하매
18 솔로몬의 건축자와 히람의 건축자와
그발 사람이 그 돌을 다듬고 성전을 건축
하기 위하여 재목과 돌들을 갖추니라

솔로몬이 성전을 건축하다

6 이스라엘 자손이 애굽 땅에서 나온
지 사백팔십 년이요 솔로몬이 이스라
엘 왕이 된 지 사 년 시브월 곧 둘째 달에
솔로몬이 여호와를 위하여 성전 건축하
기를 시작하였더라
2 솔로몬 왕이 여호와를 위하여 건축한
성전은 길이가 육십 규빗이요 너비가 이
십 규빗이요 높이가 삼십 규빗이며
3 성전의 성소 앞 주랑의 길이는 성전의
너비와 같이 이십 규빗이요 그 너비는 성
전 앞에서부터 십 규빗이며
4 성전을 위하여 창틀 있는 붙박이 창문
을 내고
5 또 성전의 벽 곧 성소와 지성소의 벽에
연접하여 돌아가며 다락들을 건축하되
다락마다 돌아가며 골방들을 만들었으니
6 하층 다락의 너비는 다섯 규빗이요 중
층 다락의 너비는 여섯 규빗이요 셋째 층
다락의 너비는 일곱 규빗이라 성전의 벽
바깥으로 돌아가며 턱을 내어 골방 들보
들로 성전의 벽에 박히지 아니하게 하였
으며

17
18
솔로몬이 성전을 건축하다
6
2
3
4
5
6

7 이 성전은 건축할 때에 돌을 그 뜨는
곳에서 다듬고 가져다가 건축하였으므로
건축하는 동안에 성전 속에서는 방망이
나 도끼나 모든 철 연장 소리가 들리지 아
니하였으며

8 중층 골방의 문은 성전 오른쪽에 있는
데 나사 모양 층계로 말미암아 하층에서
중층에 오르고 중층에서 셋째 층에 오르
게 하였더라

9 성전의 건축을 마치니라 그 성전은 백
향목 서까래와 널판으로 덮었고

10 또 온 성전으로 돌아가며 높이가 다섯
규빗 되는 다락방을 건축하되 백향목 들
보로 성전에 연접하게 하였더라

11 여호와의 말씀이 솔로몬에게 임하여
이르시되

12 네가 지금 이 성전을 건축하니 네가 만
일 내 법도를 따르며 내 율례를 행하며 내
모든 계명을 지켜 그대로 행하면 내가 네
아버지 다윗에게 한 말을 네게 확실히 이
룰 것이요

13 내가 또한 이스라엘 자손 가운데에 거
하며 내 백성 이스라엘을 버리지 아니하
리라 하셨더라

성전 내부 장식(대하 3:8-14)

14 솔로몬이 성전 건축하기를 마치고

15 백향목 널판으로 성전의 안벽 곧 성전
마루에서 천장까지의 벽에 입히고 또 잣
나무 널판으로 성전 마루를 놓고

16 또 성전 뒤쪽에서부터 이십 규빗 되는

7

8

9

10

11

12

13

성전 내부 장식(대하 3:8-14)

14

15

16

곳에 마루에서 천장까지 백향목 널판으
로 가로막아 성전의 내소 곧 지성소를 만
들었으며
17 내소 앞에 있는 외소 곧 성소의 길이가 17
사십 규빗이며
18 성전 안에 입힌 백향목에는 박과 핀 꽃 18
을 아로새겼고 모두 백향목이라 돌이 보
이지 아니하며
19 여호와의 언약궤를 두기 위하여 성전 19
안에 내소를 마련하였는데
20 그 내소의 안은 길이가 이십 규빗이요 20
너비가 이십 규빗이요 높이가 이십 규빗
이라 정금으로 입혔고 백향목 제단에도
입혔더라
21 솔로몬이 정금으로 외소 안에 입히고 21
내소 앞에 금사슬로 건너지르고 내소를
금으로 입히고
22 온 성전을 금으로 입히기를 마치고 내 22
소에 속한 제단의 전부를 금으로 입혔더
라
23 내소 안에 감람나무로 두 그룹을 만들 23
었는데 그 높이가 각각 십 규빗이라
24 한 그룹의 이쪽 날개도 다섯 규빗이요 24
저쪽 날개도 다섯 규빗이니 이쪽 날개 끝
으로부터 저쪽 날개 끝까지 십 규빗이며
25 다른 그룹도 십 규빗이니 그 두 그룹은 25
같은 크기와 같은 모양이요
26 이 그룹의 높이가 십 규빗이요 저 그룹 26
도 같았더라
27 솔로몬이 내소 가운데에 그룹을 두었 27

으니 그룹들의 날개가 펴져 있는데 이쪽
그룹의 날개는 이쪽 벽에 닿았고 저쪽 그
룹의 날개는 저쪽 벽에 닿았으며 두 날개
는 성전의 중앙에서 서로 닿았더라

28 그가 금으로 그룹을 입혔더라

29 내 외소 사방 벽에는 모두 그룹들과 종
려와 핀 꽃 형상을 아로새겼고

30 내외 성전 마루에는 금으로 입혔으며

31 내소에 들어가는 곳에는 감람나무로
문을 만들었는데 그 문인방과 문설주는
벽의 오분의 일이요

32 감람나무로 만든 그 두 문짝에 그룹과
종려와 핀 꽃을 아로새기고 금으로 입히
되 곧 그룹들과 종려에 금으로 입혔더라

33 또 외소의 문을 위하여 감람나무로 문
설주를 만들었으니 곧 벽의 사분의 일이
며

34 그 두 문짝은 잣나무라 이쪽 문짝도 두
짝으로 접게 되었고 저쪽 문짝도 두 짝으
로 접게 되었으며

35 그 문짝에 그룹들과 종려와 핀 꽃을 아
로새기고 금으로 입히되 그 새긴 데에 맞
게 하였고

36 또 다듬은 돌 세 켜와 백향목 두꺼운
판자 한 켜로 둘러 안뜰을 만들었더라

37 넷째 해 시브월에 여호와의 성전 기초
를 쌓았고

38 열한째 해 불월 곧 여덟째 달에 그 설계
와 식양대로 성전 건축이 다 끝났으니 솔
로몬이 칠 년 동안 성전을 건축하였더라

28
29
30
31
32
33
34
35
36
37
38

솔로몬의 궁

7 솔로몬이 자기의 왕궁을 십삼 년 동안
건축하여 그 전부를 준공하니라
2 그가 레바논 나무로 왕궁을 지었으니
길이가 백 규빗이요 너비가 오십 규빗이
요 높이가 삼십 규빗이라 백향목 기둥이
네 줄이요 기둥 위에 백향목 들보가 있으
며
3 기둥 위에 있는 들보 사십오 개를 백향
목으로 덮었는데 들보는 한 줄에 열 다섯
이요
4 또 창틀이 세 줄로 있는데 창과 창이
세 층으로 서로 마주 대하였고
5 모든 문과 문설주를 다 큰 나무로 네모
지게 만들었는데 창과 창이 세 층으로 서
로 마주 대하였으며
6 또 기둥을 세워 주랑을 지었으니 길이
가 오십 규빗이요 너비가 삼십 규빗이며
또 기둥 앞에 한 주랑이 있고 또 그 앞에
기둥과 섬돌이 있으며
7 또 심판하기 위하여 보좌의 주랑 곧 재
판하는 주랑을 짓고 온 마루를 백향목으
로 덮었고
8 솔로몬이 거처할 왕궁은 그 주랑 뒤 다
른 뜰에 있으니 그 양식이 동일하며 솔로
몬이 또 그가 장가 든 바로의 딸을 위하여
집을 지었는데 이 주랑과 같더라
9 이 집들은 안팎을 모두 귀하고 다듬은
돌로 지었으니 크기대로 톱으로 켠 것이
라 그 초석에서 처마까지와 외면에서 큰

솔로몬의 궁

7

2

3

4

5

6

7

8

9

뜰에 이르기까지 다 그러하니
10 그 초석은 귀하고 큰 돌 곧 십 규빗 되
는 돌과 여덟 규빗 되는 돌이라
11 그 위에는 크기대로 다듬은 귀한 돌도
있고 백향목도 있으며
12 또 큰 뜰 주위에는 다듬은 돌 세 켜와
백향목 두꺼운 판자 한 켜를 놓았으니 마
치 여호와의 성전 안뜰과 주랑에 놓은 것
같더라

놋쇠 대장장이 히람과 두 놋기둥(대하 3:15-17)

13 솔로몬 왕이 사람을 보내어 히람을 두
로에서 데려오니
14 그는 납달리 지파 과부의 아들이요 그
의 아버지는 두로 사람이니 놋쇠 대장장
이라 이 히람은 모든 놋 일에 지혜와 총명
과 재능을 구비한 자이더니 솔로몬 왕에
게 와서 그 모든 공사를 하니라
15 그가 놋기둥 둘을 만들었으니 그 높이
는 각각 십팔 규빗이라 각각 십이 규빗 되
는 줄을 두를 만하며
16 또 놋을 녹여 부어서 기둥 머리를 만들
어 기둥 꼭대기에 두었으니 한쪽 머리의
높이도 다섯 규빗이요 다른쪽 머리의 높
이도 다섯 규빗이며
17 기둥 꼭대기에 있는 머리를 위하여 바
둑판 모양으로 얽은 그물과 사슬 모양으
로 땋은 것을 만들었으니 이 머리에 일곱
이요 저 머리에 일곱이라
18 기둥을 이렇게 만들었고 또 두 줄 석류
를 한 그물 위에 둘러 만들어서 기둥 꼭대

10
11
12
놋쇠 대장장이 히람과 두 놋기둥(대하 3:15-17)
13
14
15
16
17
18

기에 있는 머리에 두르게 하였고 다른 기
둥 머리에도 그렇게 하였으며

19 주랑 기둥 꼭대기에 있는 머리의 네 규
빗은 백합화 모양으로 만들었으며

20 이 두 기둥 머리에 있는 그물 곁 곧 그
머리의 공 같이 둥근 곳으로 돌아가며 각
기 석류 이백 개가 줄을 지었더라

21 이 두 기둥을 성전의 주랑 앞에 세우되
오른쪽 기둥을 세우고 그 이름을 야긴이
라 하고 왼쪽의 기둥을 세우고 그 이름을
보아스라 하였으며

22 그 두 기둥 꼭대기에는 백합화 형상이
있더라 두 기둥의 공사가 끝나니라

놋을 부어 만든 바다(대하 4:2-5)

23 또 바다를 부어 만들었으니 그 직경이
십 규빗이요 그 모양이 둥글며 그 높이는
다섯 규빗이요 주위는 삼십 규빗 줄을 두
를 만하며

24 그 가장자리 아래에는 돌아가며 박이
있는데 매 규빗에 열 개씩 있어서 바다 주
위에 둘렸으니 그 박은 바다를 부어 만들
때에 두 줄로 부어 만들었으며

25 그 바다를 소 열두 마리가 받쳤으니 셋
은 북쪽을 향하였고 셋은 서쪽을 향하였
고 셋은 남쪽을 향하였고 셋은 동쪽을 향
하였으며 바다를 그 위에 놓았고 소의 뒤
는 다 안으로 두었으며

26 바다의 두께는 한 손 너비만 하고 그것
의 가는 백합화의 양식으로 잔 가와 같이
만들었으니 그 바다에는 이천 밧을 담겠

19

20

21

22

놋을 부어 만든 바다(대하 4:2-5)

23

24

25

26

더라

놋 받침 수레와 물두멍

27 또 놋으로 받침 수레 열을 만들었으니
매 받침 수레의 길이가 네 규빗이요 너비
가 네 규빗이요 높이가 세 규빗이라
28 그 받침 수레의 구조는 이러하니 사면
옆 가장자리 가운데에는 판이 있고
29 가장자리 가운데 판에는 사자와 소와
그룹들이 있고 또 가장자리 위에는 놓는
자리가 있고 사자와 소 아래에는 화환 모
양이 있으며
30 그 받침 수레에 각각 네 놋바퀴와 놋축
이 있고 받침 수레 네 발 밑에는 어깨 같
은 것이 있으며 그 어깨 같은 것은 물두멍
아래쪽에 부어 만들었고 화환은 각각 그
옆에 있으며
31 그 받침 수레 위로 들이켜 높이가 한
규빗 되게 내민 것이 있고 그 면은 직경
한 규빗 반 되게 반원형으로 우묵하며 그
나머지 면에는 아로새긴 것이 있으며 그
내민 판들은 네모지고 둥글지 아니하며
32 네 바퀴는 옆판 밑에 있고 바퀴 축은
받침 수레에 연결되었는데 바퀴의 높이
는 각각 한 규빗 반이며
33 그 바퀴의 구조는 병거 바퀴의 구조 같
은데 그 축과 테와 살과 통이 다 부어 만
든 것이며
34 받침 수레 네 모퉁이에 어깨 같은 것
넷이 있는데 그 어깨는 받침 수레와 연결
되었고

놋 받침 수레와 물두멍

27

28

29

30

31

32

33

34

35 받침 수레 위에 둥근 테두리가 있는데
높이가 반 규빗이요 또 받침 수레 위의 버
팀대와 옆판들이 받침 수레와 연결되었
고

36 버팀대 판과 옆판에는 각각 빈 곳을 따
라 그룹들과 사자와 종려나무를 아로새
겼고 또 그 둘레에 화환 모양이 있더라

37 이와 같이 받침 수레 열 개를 만들었는
데 그 부어 만든 법과 크기와 양식을 다
동일하게 만들었더라

38 또 물두멍 열 개를 놋으로 만들었는데
물두멍마다 각각 사십 밧을 담게 하였으
며 매 물두멍의 직경은 네 규빗이라 열 받
침 수레 위에 각각 물두멍이 하나씩이더
라

39 그 받침 수레 다섯은 성전 오른쪽에 두
었고 다섯은 성전 왼쪽에 두었고 성전 오
른쪽 동남쪽에는 그 바다를 두었더라

성전 기구들(대하 4:11-5:1)

40 히람이 또 물두멍과 부삽과 대접들을
만들었더라 이와 같이 히람이 솔로몬 왕
을 위하여 여호와의 전의 모든 일을 마쳤
으니

41 곧 기둥 둘과 그 기둥 꼭대기의 공 같
은 머리 둘과 또 기둥 꼭대기의 공 같은
머리를 가리는 그물 둘과

42 또 그 그물들을 위하여 만든 바 매 그
물에 두 줄씩으로 기둥 위의 공 같은 두
머리를 가리게 한 석류 사백 개와

43 또 열 개의 받침 수레와 받침 수레 위

35

36

37

38

39

성전 기구들(대하 4:11-5:1)

40

41

42

43

의 열 개의 물두멍과
44 한 바다와 그 바다 아래의 소 열두 마
리와
45 솥과 부삽과 대접들이라 히람이 솔로
몬 왕을 위하여 여호와의 성전에 이 모든
그릇을 빛난 놋으로 만드니라
46 왕이 요단 평지에서 숙곳과 사르단 사
이의 차진 흙에 그것들을 부어 내었더라
47 기구가 심히 많으므로 솔로몬이 다 달
아보지 아니하고 두었으니 그 놋 무게를
능히 측량할 수 없었더라
48 솔로몬이 또 여호와의 성전의 모든 기
구를 만들었으니 곧 금 단과 진설병의 금
상과
49 내소 앞에 좌우로 다섯씩 둘 정금 등잔
대며 또 금 꽃과 등잔과 불집게며
50 또 정금 대접과 불집게와 주발과 숟가
락과 불을 옮기는 그릇이며 또 내소 곧 지
성소 문의 금 돌쩌귀와 성전 곧 외소 문의
금 돌쩌귀더라
51 솔로몬 왕이 여호와의 성전을 위하여
만드는 모든 일을 마친지라 이에 솔로몬
이 그의 아버지 다윗이 드린 물건 곧 은과
금과 기구들을 가져다가 여호와의 성전
곳간에 두었더라

언약궤를 성전으로 옮기다(대하 5:2-6:2)

8 이에 솔로몬이 여호와의 언약궤를 다
윗 성 곧 시온에서 메어 올리고자 하
여 이스라엘 장로와 모든 지파의 우두머
리 곧 이스라엘 자손의 족장들을 예루살

44

45

46

47

48

49

50

51

언약궤를 성전으로 옮기다(대하 5:2-6:2)

8

렘에 있는 자기에게로 소집하니
2 이스라엘 모든 사람이 다 에다님월 곧
일곱째 달 절기에 솔로몬 왕에게 모이고
3 이스라엘 장로들이 다 이르매 제사장
들이 궤를 메니라
4 여호와의 궤와 회막과 성막 안의 모든
거룩한 기구들을 메고 올라가되 제사장
과 레위 사람이 그것들을 메고 올라가매
5 솔로몬 왕과 그 앞에 모인 이스라엘 회
중이 그와 함께 그 궤 앞에 있어 양과 소
로 제사를 지냈으니 그 수가 많아 기록할
수도 없고 셀 수도 없었더라
6 제사장들이 여호와의 언약궤를 그 처
소로 메어 들였으니 곧 성전의 내소인 지
성소 그룹들의 날개 아래라
7 그룹들이 그 궤 처소 위에서 날개를 펴
서 궤와 그 채를 덮었는데
8 채가 길므로 채 끝이 내소 앞 성소에서
보이나 밖에서는 보이지 아니하며 그 채
는 오늘까지 그 곳에 있으며
9 그 궤 안에는 두 돌판 외에 아무것도
없으니 이것은 이스라엘 자손이 애굽 땅
에서 나온 후 여호와께서 저희와 언약을
맺으실 때에 모세가 호렙에서 그 안에 넣
은 것이더라
10 제사장이 성소에서 나올 때에 구름이
여호와의 성전에 가득하매
11 제사장이 그 구름으로 말미암아 능히
서서 섬기지 못하였으니 이는 여호와의
영광이 여호와의 성전에 가득함이었더라

2

3

4

5

6

7

8

9

10

11

솔로몬의 연설(대하 6:3-11)

12 그 때에 솔로몬이 이르되 여호와께서
캄캄한 데 계시겠다 말씀하셨사오나
13 내가 참으로 주를 위하여 계실 성전을
건축하였사오니 주께서 영원히 계실 처
소로소이다 하고
14 얼굴을 돌이켜 이스라엘의 온 회중을
위하여 축복하니 그 때에 이스라엘의 온
회중이 서 있더라
15 왕이 이르되 이스라엘의 하나님 여호
와를 송축할지로다 여호와께서 그의 입
으로 내 아버지 다윗에게 말씀하신 것을
이제 그의 손으로 이루셨도다 이르시기
를
16 내가 내 백성 이스라엘을 애굽에서 인
도하여 낸 날부터 내 이름을 둘 만한 집을
건축하기 위하여 이스라엘 모든 지파 가
운데에서 아무 성읍도 택하지 아니하고
다만 다윗을 택하여 내 백성 이스라엘을
다스리게 하였노라 하신지라
17 내 아버지 다윗이 이스라엘의 하나님
여호와의 이름을 위하여 성전을 건축할
마음이 있었더니
18 여호와께서 내 아버지 다윗에게 이르
시되 네가 내 이름을 위하여 성전을 건축
할 마음이 있으니 이 마음이 네게 있는 것
이 좋도다
19 그러나 너는 그 성전을 건축하지 못할
것이요 네 몸에서 낳을 네 아들 그가 내
이름을 위하여 성전을 건축하리라 하시

솔로몬의 연설(대하 6:3-11)

12

13

14

15

16

17

18

19

더니

20 이제 여호와께서 말씀하신 대로 이루
시도다 내가 여호와께서 말씀하신 대로
내 아버지 다윗을 이어서 일어나 이스라
엘의 왕위에 앉고 이스라엘의 하나님 여
호와의 이름을 위하여 성전을 건축하고

21 내가 또 그 곳에 우리 조상들을 애굽
땅에서 인도하여 내실 때에 그들과 세우
신 바 여호와의 언약을 넣은 궤를 위하여
한 처소를 설치하였노라

솔로몬의 기도(대하 6:12-42)

22 솔로몬이 여호와의 제단 앞에서 이스
라엘의 온 회중과 마주서서 하늘을 향하
여 손을 펴고

23 이르되 이스라엘의 하나님 여호와여
위로 하늘과 아래로 땅에 주와 같은 신이
없나이다 주께서는 온 마음으로 주의 앞
에서 행하는 종들에게 언약을 지키시고
은혜를 베푸시나이다

24 주께서 주의 종 내 아버지 다윗에게 하
신 말씀을 지키사 주의 입으로 말씀하신
것을 손으로 이루심이 오늘과 같으니이
다

25 이스라엘의 하나님 여호와여 주께서
주의 종 내 아버지 다윗에게 말씀하시기
를 네 자손이 자기 길을 삼가서 네가 내
앞에서 행한 것 같이 내 앞에서 행하기만
하면 네게서 나서 이스라엘의 왕위에 앉
을 사람이 내 앞에서 끊어지지 아니하리
라 하셨사오니 이제 다윗을 위하여 그 하

20

21

솔로몬의 기도(대하 6:12-42)

22

23

24

25

신 말씀을 지키시옵소서

26 그런즉 이스라엘의 하나님이여 원하
건대 주는 주의 종 내 아버지 다윗에게 하
신 말씀이 확실하게 하옵소서

27 하나님이 참으로 땅에 거하시리이까
하늘과 하늘들의 하늘이라도 주를 용납
하지 못하겠거든 하물며 내가 건축한 이
성전이오리이까

28 그러나 내 하나님 여호와여 주의 종의
기도와 간구를 돌아보시며 이 종이 오늘
주 앞에서 부르짖음과 비는 기도를 들으
시옵소서

29 주께서 전에 말씀하시기를 내 이름이
거기 있으리라 하신 곳 이 성전을 향하여
주의 눈이 주야로 보시오며 주의 종이 이
곳을 향하여 비는 기도를 들으시옵소서

30 주의 종과 주의 백성 이스라엘이 이 곳
을 향하여 기도할 때에 주는 그 간구함을
들으시되 주께서 계신 곳 하늘에서 들으
시고 들으시사 사하여 주옵소서

31 만일 어떤 사람이 그 이웃에게 범죄함
으로 맹세시킴을 받고 그가 와서 이 성전
에 있는 주의 제단 앞에서 맹세하거든

32 주는 하늘에서 들으시고 행하시되 주
의 종들을 심판하사 악한 자의 죄를 정하
여 그 행위대로 그 머리에 돌리시고 의로
운 자를 의롭다 하사 그의 의로운 바대로
갚으시옵소서

33 만일 주의 백성 이스라엘이 주께 범죄
하여 적국 앞에 패하게 되므로 주께로 돌

26

27

28

29

30

31

32

33

아와서 주의 이름을 인정하고 이 성전에
서 주께 기도하며 간구하거든

34 주는 하늘에서 들으시고 주의 백성 이
스라엘의 죄를 사하시고 그들의 조상들
에게 주신 땅으로 돌아오게 하옵소서

35 만일 그들이 주께 범죄함으로 말미암
아 하늘이 닫히고 비가 없어서 주께 벌을
받을 때에 이 곳을 향하여 기도하며 주의
이름을 찬양하고 그들의 죄에서 떠나거
든

36 주는 하늘에서 들으사 주의 종들과 주
의 백성 이스라엘의 죄를 사하시고 그들
이 마땅히 행할 선한 길을 가르쳐 주시오
며 주의 백성에게 기업으로 주신 주의 땅
에 비를 내리시옵소서

37 만일 이 땅에 기근이나 전염병이 있거
나 곡식이 시들거나 깜부기가 나거나 메
뚜기나 황충이 나거나 적국이 와서 성읍
을 에워싸거나 무슨 재앙이나 무슨 질병
이 있든지 막론하고

38 한 사람이나 혹 주의 온 백성 이스라엘
이 다 각각 자기의 마음에 재앙을 깨닫고
이 성전을 향하여 손을 펴고 무슨 기도나
무슨 간구를 하거든

39 주는 계신 곳 하늘에서 들으시고 사하
시며 각 사람의 마음을 아시오니 그들의
모든 행위대로 행하사 갚으시옵소서 주
만 홀로 사람의 마음을 다 아심이니이다

40 그리하시면 그들이 주께서 우리 조상
들에게 주신 땅에서 사는 동안에 항상 주

34

35

36

37

38

39

40

를 경외하리이다

41 또 주의 백성 이스라엘에 속하지 아니
한 자 곧 주의 이름을 위하여 먼 지방에서
온 이방인이라도

42 그들이 주의 크신 이름과 주의 능한 손
과 주의 펴신 팔의 소문을 듣고 와서 이
성전을 향하여 기도하거든

43 주는 계신 곳 하늘에서 들으시고 이방
인이 주께 부르짖는 대로 이루사 땅의 만
민이 주의 이름을 알고 주의 백성 이스라
엘처럼 경외하게 하시오며 또 내가 건축
한 이 성전을 주의 이름으로 일컫는 줄을
알게 하옵소서

44 주의 백성이 그들의 적국과 더불어 싸
우고자 하여 주께서 보내신 길로 나갈 때
에 그들이 주께서 택하신 성읍과 내가 주
의 이름을 위하여 건축한 성전이 있는 쪽
을 향하여 여호와께 기도하거든

45 주는 하늘에서 그들의 기도와 간구를
들으시고 그들의 일을 돌아보옵소서

46 범죄하지 아니하는 사람이 없사오니
그들이 주께 범죄함으로 주께서 그들에
게 진노하사 그들을 적국에게 넘기시매
적국이 그들을 사로잡아 원근을 막론하
고 적국의 땅으로 끌어간 후에

47 그들이 사로잡혀 간 땅에서 스스로 깨
닫고 그 사로잡은 자의 땅에서 돌이켜 주
께 간구하기를 우리가 범죄하여 반역을
행하며 악을 지었나이다 하며

48 자기를 사로잡아 간 적국의 땅에서 온

41

42

43

44

45

46

47

48

마음과 온 뜻으로 주께 돌아와서 주께서
그들의 조상들에게 주신 땅 곧 주께서 택
하신 성읍과 내가 주의 이름을 위하여 건
축한 성전 있는 쪽을 향하여 주께 기도하
거든

49 주는 계신 곳 하늘에서 그들의 기도와
간구를 들으시고 그들의 일을 돌아보시
오며

50 주께 범죄한 백성을 용서하시며 주께
범한 그 모든 허물을 사하시고 그들을 사
로잡아 간 자 앞에서 그들로 불쌍히 여김
을 얻게 하사 그 사람들로 그들을 불쌍히
여기게 하옵소서

51 그들은 주께서 철 풀무 같은 애굽에서
인도하여 내신 주의 백성, 주의 소유가 됨
이니이다

52 원하건대 주는 눈을 들어 종의 간구함
과 주의 백성 이스라엘의 간구함을 보시
고 주께 부르짖는 대로 들으시옵소서

53 주 여호와여 주께서 우리 조상을 애굽
에서 인도하여 내실 때에 주의 종 모세를
통하여 말씀하심 같이 주께서 세상 만민
가운데에서 그들을 구별하여 주의 기업
으로 삼으셨나이다

솔로몬의 축복

54 솔로몬이 무릎을 꿇고 손을 펴서 하늘
을 향하여 이 기도와 간구로 여호와께 아
뢰기를 마치고 여호와의 제단 앞에서 일
어나

55 서서 큰 소리로 이스라엘의 온 회중을

49

50

51

52

53

솔로몬의 축복

54

55

위하여 축복하며 이르되
56 여호와를 찬송할지로다 그가 말씀하
신 대로 그의 백성 이스라엘에게 태평을
주셨으니 그 종 모세를 통하여 무릇 말씀
하신 그 모든 좋은 약속이 하나도 이루어
지지 아니함이 없도다
57 우리 하나님 여호와께서 우리 조상들
과 함께 계시던 것 같이 우리와 함께 계시
옵고 우리를 떠나지 마시오며 버리지 마
시옵고
58 우리의 마음을 주께로 향하여 그의 모
든 길로 행하게 하시오며 우리 조상들에
게 명령하신 계명과 법도와 율례를 지키
게 하시기를 원하오며
59 여호와 앞에서 내가 간구한 이 말씀이
주야로 우리 하나님 여호와께 가까이 있
게 하시옵고 또 주의 종의 일과 주의 백성
이스라엘의 일을 날마다 필요한 대로 돌
아보사
60 이에 세상 만민에게 여호와께서만 하
나님이시고 그 외에는 없는 줄을 알게 하
시기를 원하노라
61 그런즉 너희의 마음을 우리 하나님 여
호와께 온전히 바쳐 완전하게 하여 오늘
과 같이 그의 법도를 행하며 그의 계명을
지킬지어다

성전 봉헌식(대하 7:4-10)

62 이에 왕과 및 왕과 함께 한 이스라엘이
다 여호와 앞에 희생제물을 드리니라
63 솔로몬이 화목제의 희생제물을 드렸

56
57
58
59
60
61
성전 봉헌식(대하 7:4-10)
62
63

으니 곧 여호와께 드린 소가 이만 이천 마
리요 양이 십이만 마리라 이와 같이 왕과
모든 이스라엘 자손이 여호와의 성전의
봉헌식을 행하였는데

64 그 날에 왕이 여호와의 성전 앞뜰 가운
데를 거룩히 구별하고 거기서 번제와 소
제와 감사제물의 기름을 드렸으니 이는
여호와의 앞 놋 제단이 작으므로 번제물
과 소제물과 화목제의 기름을 다 용납할
수 없음이라

65 그 때에 솔로몬이 칠 일과 칠 일 도합
십사 일간을 우리 하나님 여호와 앞에서
절기로 지켰는데 하맛 어귀에서부터 애
굽 강까지의 온 이스라엘의 큰 회중이 모
여 그와 함께 하였더니

66 여덟째 날에 솔로몬이 백성을 돌려보
내매 백성이 왕을 위하여 축복하고 자기
장막으로 돌아가는데 여호와께서 그의
종 다윗과 그의 백성 이스라엘에게 베푸
신 모든 은혜로 말미암아 기뻐하며 마음
에 즐거워하였더라

여호와께서 다시 솔로몬에게 나타나시다

9 솔로몬이 여호와의 성전과 왕궁 건축
하기를 마치며 자기가 이루기를 원하
던 모든 것을 마친 때에

2 여호와께서 전에 기브온에서 나타나
심 같이 다시 솔로몬에게 나타나사

3 여호와께서 그에게 이르시되 네 기도
와 네가 내 앞에서 간구한 바를 내가 들었
은즉 나는 네가 건축한 이 성전을 거룩하
게 구별하여 내 이름을 영원히 그 곳에 두

64

65

66

여호와께서 다시 솔로몬에게 나타나시다

9

2

3

며 내 눈길과 내 마음이 항상 거기에 있으
리니

4 네가 만일 네 아버지 다윗이 행함 같이
마음을 온전히 하고 바르게 하여 내 앞에
서 행하며 내가 네게 명령한 대로 온갖 일
에 순종하여 내 법도와 율례를 지키면

5 내가 네 아버지 다윗에게 말하기를 이
스라엘의 왕위에 오를 사람이 네게서 끊
어지지 아니하리라 한 대로 네 이스라엘
의 왕위를 영원히 견고하게 하려니와

6 만일 너희나 너희의 자손이 아주 돌아
서서 나를 따르지 아니하며 내가 너희 앞
에 둔 나의 계명과 법도를 지키지 아니하
고 가서 다른 신을 섬겨 그것을 경배하면

7 내가 이스라엘을 내가 그들에게 준 땅
에서 끊어 버릴 것이요 내 이름을 위하여
내가 거룩하게 구별한 이 성전이라도 내
앞에서 던져버리리니 이스라엘은 모든
민족 가운데에서 속담거리와 이야기거리
가 될 것이며

8 이 성전이 높을지라도 지나가는 자마
다 놀라며 비웃어 이르되 여호와께서 무
슨 까닭으로 이 땅과 이 성전에 이같이 행
하셨는고 하면

9 대답하기를 그들이 그들의 조상들을
애굽 땅에서 인도하여 내신 그들의 하나
님 여호와를 버리고 다른 신을 따라가서
그를 경배하여 섬기므로 여호와께서 이
모든 재앙을 그들에게 내리심이라 하리
라 하셨더라

4

5

6

7

8

9

솔로몬과 히람의 거래(대하 8:1-2)

10 솔로몬이 두 집 곧 여호와의 성전과 왕
궁을 이십 년 만에 건축하기를 마치고

11 갈릴리 땅의 성읍 스무 곳을 히람에게
주었으니 이는 두로 왕 히람이 솔로몬에
게 그 온갖 소원대로 백향목과 잣나무와
금을 제공하였음이라

12 히람이 두로에서 와서 솔로몬이 자기
에게 준 성읍들을 보고 눈에 들지 아니하
여

13 이르기를 내 형제여 내게 준 이 성읍들
이 이러한가 하고 이름하여 가불 땅이라
하였더니 그 이름이 오늘까지 있느니라

14 히람이 금 일백이십 달란트를 왕에게
보내었더라

솔로몬의 나머지 업적(대하 8:3-18)

15 솔로몬 왕이 역군을 일으킨 까닭은 이
러하니 여호와의 성전과 자기 왕궁과 밀
로와 예루살렘 성과 하솔과 므깃도와 게
셀을 건축하려 하였음이라

16 전에 애굽 왕 바로가 올라와서 게셀을
탈취하여 불사르고 그 성읍에 사는 가나
안 사람을 죽이고 그 성읍을 자기 딸 솔로
몬의 아내에게 예물로 주었더니

17 솔로몬이 게셀과 아래 벧호론을 건축
하고

18 또 바알랏과 그 땅의 들에 있는 다드몰
과

19 자기에게 있는 모든 국고성과 병거성
들과 마병의 성들을 건축하고 솔로몬이

솔로몬과 히람의 거래(대하 8:1-2)

10

11

12

13

14

솔로몬의 나머지 업적(대하 8:3-18)

15

16

17

18

19

또 예루살렘과 레바논과 그가 다스리는
온 땅에 건축하고자 하던 것을 다 건축하
였는데

20 이스라엘 자손이 아닌 아모리 사람과
헷 사람과 브리스 사람과 히위 사람과 여
부스 사람 중 남아 있는 모든 사람

21 곧 이스라엘 자손이 다 멸하지 못하므
로 그 땅에 남아 있는 그들의 자손들을 솔
로몬이 노예로 역군을 삼아 오늘까지 이
르렀으되

22 다만 이스라엘 자손은 솔로몬이 노예
를 삼지 아니하였으니 그들은 군사와 그
신하와 고관과 대장이며 병거와 마병의
지휘관이 됨이었더라

23 솔로몬에게 일을 감독하는 우두머리
오백오십 명이 있어 일하는 백성을 다스
렸더라

24 바로의 딸이 다윗 성에서부터 올라와
솔로몬이 그를 위하여 건축한 궁에 이를
때에 솔로몬이 밀로를 건축하였더라

25 솔로몬이 여호와를 위하여 쌓은 제단
위에 해마다 세 번씩 번제와 감사의 제물
을 드리고 또 여호와 앞에 있는 제단에 분
향하니라 이에 성전 짓는 일을 마치니라

26 솔로몬 왕이 에돔 땅 홍해 물 가의 엘
롯 근처 에시온게벨에서 배들을 지은지
라

27 히람이 자기 종 곧 바다에 익숙한 사공
들을 솔로몬의 종과 함께 그 배로 보내매

28 그들이 오빌에 이르러 거기서 금 사백

20

21

22

23

24

25

26

27

28

이십 달란트를 얻고 솔로몬 왕에게로 가
져왔더라

스바의 여왕이 솔로몬을 찾아오다(대하 9:1-12)

10 스바의 여왕이 여호와의 이름으로
말미암은 솔로몬의 명성을 듣고
와서 어려운 문제로 그를 시험하고자 하
여

2 예루살렘에 이르니 수행하는 자가 심
히 많고 향품과 심히 많은 금과 보석을 낙
타에 실었더라 그가 솔로몬에게 나아와
자기 마음에 있는 것을 다 말하매

3 솔로몬이 그가 묻는 말에 다 대답하였
으니 왕이 알지 못하여 대답하지 못한 것
이 하나도 없었더라

4 스바의 여왕이 솔로몬의 모든 지혜와
그 건축한 왕궁과

5 그 상의 식물과 그의 신하들의 좌석과
그의 시종들이 시립한 것과 그들의 관복
과 술 관원들과 여호와의 성전에 올라가
는 층계를 보고 크게 감동되어

6 왕께 말하되 내가 내 나라에서 당신의
행위와 당신의 지혜에 대하여 들은 소문
이 사실이로다

7 내가 그 말들을 믿지 아니하였더니 이
제 와서 친히 본즉 내게 말한 것은 절반도
못되니 당신의 지혜와 복이 내가 들은 소
문보다 더하도다

8 복되도다 당신의 사람들이여 복되도
다 당신의 이 신하들이여 항상 당신 앞에
서서 당신의 지혜를 들음이로다

스바의 여왕이 솔로몬을 찾아오다(대하 9:1-12)

10

2

3

4

5

6

7

8

9 당신의 하나님 여호와를 송축할지로
다 여호와께서 당신을 기뻐하사 이스라
엘 왕위에 올리셨고 여호와께서 영원히
이스라엘을 사랑하시므로 당신을 세워
왕으로 삼아 정의와 공의를 행하게 하셨
도다 하고

10 이에 그가 금 일백이십 달란트와 심히
많은 향품과 보석을 왕에게 드렸으니 스
바의 여왕이 솔로몬 왕에게 드린 것처럼
많은 향품이 다시 오지 아니하였더라

11 오빌에서부터 금을 실어온 히람의 배
들이 오빌에서 많은 백단목과 보석을 운
반하여 오매

12 왕이 백단목으로 여호와의 성전과 왕
궁의 난간을 만들고 또 노래하는 자를 위
하여 수금과 비파를 만들었으니 이같은
백단목은 전에도 온 일이 없었고 오늘까
지도 보지 못하였더라

13 솔로몬 왕이 왕의 규례대로 스바의 여
왕에게 물건을 준 것 외에 또 그의 소원대
로 구하는 것을 주니 이에 그가 그의 신하
들과 함께 본국으로 돌아갔더라

솔로몬의 재산과 지혜(대하 9:13-29)

14 솔로몬의 세입금의 무게가 금 육백육
십육 달란트요

15 그 외에 또 상인들과 무역하는 객상과
아라비아의 모든 왕들과 나라의 고관들
에게서도 가져온지라

16 솔로몬 왕이 처서 늘인 금으로 큰 방패
이백 개를 만들었으니 매 방패에 든 금이

9

10

11

12

13

솔로몬의 재산과 지혜(대하 9:13-29)

14

15

16

육백 세겔이며
17 또 쳐서 늘인 금으로 작은 방패 삼백
개를 만들었으니 매 방패에 든 금이 삼 마
네라 왕이 이것들을 레바논 나무 궁에 두
었더라
18 왕이 또 상아로 큰 보좌를 만들고 정금
으로 입혔으니
19 그 보좌에는 여섯 층계가 있고 보좌 뒤
에 둥근 머리가 있고 앉는 자리 양쪽에는
팔걸이가 있고 팔걸이 곁에는 사자가 하
나씩 서 있으며
20 또 열두 사자가 있어 그 여섯 층계 좌
우편에 서 있으니 어느 나라에도 이같이
만든 것이 없었더라
21 솔로몬 왕이 마시는 그릇은 다 금이요
레바논 나무 궁의 그릇들도 다 정금이라
은 기물이 없으니 솔로몬의 시대에 은을
귀히 여기지 아니함은
22 왕이 바다에 다시스 배들을 두어 히람
의 배와 함께 있게 하고 그 다시스 배로
삼 년에 한 번씩 금과 은과 상아와 원숭이
와 공작을 실어 왔음이더라
23 솔로몬 왕의 재산과 지혜가 세상의 그
어느 왕보다 큰지라
24 온 세상 사람들이 다 하나님께서 솔로
몬의 마음에 주신 지혜를 들으며 그의 얼
굴을 보기 원하여
25 그들이 각기 예물을 가지고 왔으니 곧
은 그릇과 금 그릇과 의복과 갑옷과 향품
과 말과 노새라 해마다 그리하였더라

17

18

19

20

21

22

23

24

25

26 솔로몬이 병거와 마병을 모으매 병거
가 천사백 대요 마병이 만이천 명이라 병
거성에도 두고 예루살렘 왕에게도 두었
으며

27 왕이 예루살렘에서 은을 돌 같이 흔하
게 하고 백향목을 평지의 뽕나무 같이 많
게 하였더라

28 솔로몬의 말들은 애굽에서 들여왔으
니 왕의 상인들이 값주고 산 것이며

29 애굽에서 들여온 병거는 한 대에 은 육
백 세겔이요 말은 한 필에 백오십 세겔이
라 이와 같이 헷 사람의 모든 왕과 아람
왕들에게 그것들을 되팔기도 하였더라

26

27

28

29

솔로몬의 마음이 여호와를 떠나다

11 솔로몬 왕이 바로의 딸 외에 이방의
많은 여인을 사랑하였으니 곧 모압
과 암몬과 에돔과 시돈과 헷 여인이라

2 여호와께서 일찍이 이 여러 백성에 대
하여 이스라엘 자손에게 말씀하시기를
너희는 그들과 서로 통혼하지 말며 그들
도 너희와 서로 통혼하게 하지 말라 그들
이 반드시 너희의 마음을 돌려 그들의 신
들을 따르게 하리라 하셨으나 솔로몬이
그들을 사랑하였더라

3 왕은 후궁이 칠백 명이요 첩이 삼백 명
이라 그의 여인들이 왕의 마음을 돌아서
게 하였더라

4 솔로몬의 나이가 많을 때에 그의 여인
들이 그의 마음을 돌려 다른 신들을 따르
게 하였으므로 왕의 마음이 그의 아버지

솔로몬의 마음이 여호와를 떠나다

11

2

3

4

다윗의 마음과 같지 아니하여 그의 하나
님 여호와 앞에 온전하지 못하였으니
5 이는 시돈 사람의 여신 아스다롯을 따
르고 암몬 사람의 가증한 밀곰을 따름이
라
6 솔로몬이 여호와의 눈앞에서 악을 행
하여 그의 아버지 다윗이 여호와를 온전
히 따름 같이 따르지 아니하고
7 모압의 가증한 그모스를 위하여 예루
살렘 앞 산에 산당을 지었고 또 암몬 자손
의 가증한 몰록을 위하여 그와 같이 하였
으며
8 그가 또 그의 이방 여인들을 위하여 다
그와 같이 한지라 그들이 자기의 신들에
게 분향하며 제사하였더라
9 솔로몬이 마음을 돌려 이스라엘의 하
나님 여호와를 떠나므로 여호와께서 그
에게 진노하시니라 여호와께서 일찍이
두 번이나 그에게 나타나시고
10 이 일에 대하여 명령하사 다른 신을 따
르지 말라 하셨으나 그가 여호와의 명령
을 지키지 않았으므로
11 여호와께서 솔로몬에게 말씀하시되
네게 이러한 일이 있었고 또 네가 내 언약
과 내가 네게 명령한 법도를 지키지 아니
하였으니 내가 반드시 이 나라를 네게서
빼앗아 네 신하에게 주리라
12 그러나 네 아버지 다윗을 위하여 네 세
대에는 이 일을 행하지 아니하고 네 아들
의 손에서 빼앗으려니와

13 오직 내가 이 나라를 다 빼앗지 아니하
고 내 종 다윗과 내가 택한 예루살렘을 위
하여 한 지파를 네 아들에게 주리라 하셨
더라

솔로몬의 대적

14 여호와께서 에돔 사람 하닷을 일으켜
솔로몬의 대적이 되게 하시니 그는 왕의
자손으로서 에돔에 거하였더라
15 전에 다윗이 에돔에 있을 때에 군대 지
휘관 요압이 가서 죽임을 당한 자들을 장
사하고 에돔의 남자를 다 쳐서 죽였는데
16 요압은 에돔의 남자를 다 없애기까지
이스라엘 무리와 함께 여섯 달 동안 그 곳
에 머물렀더라
17 그 때에 하닷은 작은 아이라 그의 아버
지 신하 중 에돔 사람 몇몇과 함께 도망하
여 애굽으로 가려 하여
18 미디안을 떠나 바란에 이르고 거기서
사람을 데리고 애굽으로 가서 애굽 왕 바
로에게 나아가매 바로가 그에게 집과 먹
을 양식을 주며 또 토지를 주었더라
19 하닷이 바로의 눈 앞에 크게 은총을 얻
었으므로 바로가 자기의 처제 곧 왕비 다
브네스의 아우를 그의 아내로 삼으매
20 다브네스의 아우가 그로 말미암아 아
들 그누밧을 낳았더니 다브네스가 그 아
이를 바로의 궁중에서 젖을 떼게 하매 그
누밧이 바로의 궁에서 바로의 아들 가운
데 있었더라
21 하닷이 애굽에 있어서 다윗이 그의 조

13
솔로몬의 대적
14
15
16
17
18
19
20
21

상들과 함께 잔 것과 군대 지휘관 요압이
죽은 것을 듣고 바로에게 아뢰되 나를 보
내어 내 고국으로 가게 하옵소서

22 바로가 그에게 이르되 네가 나와 함께
있어 무슨 부족함이 있기에 네 고국으로
가기를 구하느냐 대답하되 없나이다 그
러나 아무쪼록 나를 보내옵소서 하였더
라

22

23 하나님이 또 엘리아다의 아들 르손을
일으켜 솔로몬의 대적자가 되게 하시니
그는 그의 주인 소바 왕 하닷에셀에게서
도망한 자라

23

24 다윗이 소바 사람을 죽일 때에 르손이
사람들을 자기에게 모으고 그 무리의 괴
수가 되어 다메섹으로 가서 살다가 거기
서 왕이 되었더라

24

25 솔로몬의 일평생에 하닷이 끼친 환난
외에 르손이 수리아 왕이 되어 이스라엘
을 대적하고 미워하였더라

25

여로보암에게 하신 여호와의 말씀

여로보암에게 하신 여호와의 말씀

26 솔로몬의 신하 느밧의 아들 여로보암
이 또한 손을 들어 왕을 대적하였으니 그
는 에브라임 족속인 스레다 사람이요 그
의 어머니의 이름은 스루아이니 과부더라

26

27 그가 손을 들어 왕을 대적하는 까닭은
이러하니라 솔로몬이 밀로를 건축하고
그의 아버지 다윗의 성읍이 무너진 것을
수축하였는데

27

28 이 사람 여로보암은 큰 용사라 솔로몬
이 이 청년의 부지런함을 보고 세워 요셉

28

족속의 일을 감독하게 하였더니
29 그 즈음에 여로보암이 예루살렘에서
나갈 때에 실로 사람 선지자 아히야가 길
에서 그를 만나니 아히야가 새 의복을 입
었고 그 두 사람만 들에 있었더라
30 아히야가 자기가 입은 새 옷을 잡아 열
두 조각으로 찢고
31 여로보암에게 이르되 너는 열 조각을
가지라 이스라엘의 하나님 여호와의 말
씀이 내가 이 나라를 솔로몬의 손에서 찢
어 빼앗아 열 지파를 네게 주고
32 오직 내 종 다윗을 위하고 이스라엘 모
든 지파 중에서 택한 성읍 예루살렘을 위
하여 한 지파를 솔로몬에게 주리니
33 이는 그들이 나를 버리고 시돈 사람의
여신 아스다롯과 모압의 신 그모스와 암
몬 자손의 신 밀곰을 경배하며 그의 아버
지 다윗이 행함 같지 아니하여 내 길로 행
하지 아니하며 나 보기에 정직한 일과 내
법도와 내 율례를 행하지 아니함이니라
34 그러나 내가 택한 내 종 다윗이 내 명
령과 내 법도를 지켰으므로 내가 그를 위
하여 솔로몬의 생전에는 온 나라를 그의
손에서 빼앗지 아니하고 주관하게 하려
니와
35 내가 그의 아들의 손에서 나라를 빼앗
아 그 열 지파를 네게 줄 것이요
36 그의 아들에게는 내가 한 지파를 주어
서 내가 거기에 내 이름을 두고자 하여 택
한 성읍 예루살렘에서 내 종 다윗이 항상

29

30

31

32

33

34

35

36

내 앞에 등불을 가지고 있게 하리라
37 내가 너를 취하리니 너는 네 마음에 원
하는 대로 다스려 이스라엘 위에 왕이 되
되
38 네가 만일 내가 명령한 모든 일에 순종
하고 내 길로 행하며 내 눈에 합당한 일을
하며 내 종 다윗이 행함 같이 내 율례와
명령을 지키면 내가 너와 함께 있어 내가
다윗을 위하여 세운 것 같이 너를 위하여
견고한 집을 세우고 이스라엘을 네게 주
리라
39 내가 이로 말미암아 다윗의 자손을 괴
롭게 할 것이나 영원히 하지는 아니하리
라 하셨느니라 한지라
40 이러므로 솔로몬이 여로보암을 죽이
려 하매 여로보암이 일어나 애굽으로 도
망하여 애굽 왕 시삭에게 이르러 솔로몬
이 죽기까지 애굽에 있으니라

솔로몬이 죽다(대하 9:29-31)

41 솔로몬의 남은 사적과 그의 행한 모든
일과 그의 지혜는 솔로몬의 실록에 기록
되지 아니하였느냐
42 솔로몬이 예루살렘에서 온 이스라엘
을 다스린 날 수가 사십 년이라
43 솔로몬이 그의 조상들과 함께 자매 그
의 아버지 다윗의 성읍에 장사되고 그의
아들 르호보암이 대신하여 왕이 되니라

북쪽 지파들의 배반(대하 10:1-19)

12 르호보암이 세겜으로 갔으니 이는
온 이스라엘이 그를 왕으로 삼고자

37
38
39
40
솔로몬이 죽다(대하 9:29-31)
41
42
43
북쪽 지파들의 배반(대하 10:1-19)
12

하여 세겜에 이르렀음이더라
2 느밧의 아들 여로보암이 전에 솔로몬
왕의 얼굴을 피하여 애굽으로 도망하여
있었더니 이제 그 소문을 듣고 여전히 애
굽에 있는 중에
3 무리가 사람을 보내 그를 불렀더라 여
로보암과 이스라엘의 온 회중이 와서 르
호보암에게 말하여 이르되
4 왕의 아버지가 우리의 멍에를 무겁게
하였으나 왕은 이제 왕의 아버지가 우리
에게 시킨 고역과 메운 무거운 멍에를 가
볍게 하소서 그리하시면 우리가 왕을 섬
기겠나이다
5 르호보암이 대답하되 갔다가 삼 일 후
에 다시 내게로 오라 하매 백성이 가니라
6 르호보암 왕이 그의 아버지 솔로몬의
생전에 그 앞에 모셨던 노인들과 의논하
여 이르되 너희는 어떻게 충고하여 이 백
성에게 대답하게 하겠느냐
7 대답하여 이르되 왕이 만일 오늘 이 백
성을 섬기는 자가 되어 그들을 섬기고 좋
은 말로 대답하여 이르시면 그들이 영원
히 왕의 종이 되리이다 하나
8 왕이 노인들이 자문하는 것을 버리고
자기 앞에 모셔 있는 자기와 함께 자라난
어린 사람들과 의논하여
9 이르되 너희는 어떻게 자문하여 이 백
성에게 대답하게 하겠느냐 백성이 내게
말하기를 왕의 아버지가 우리에게 메운
멍에를 가볍게 하라 하였느니라

2

3

4

5

6

7

8

9

10 함께 자라난 소년들이 왕께 아뢰어 이
르되 이 백성들이 왕께 아뢰기를 왕의 부
친이 우리의 멍에를 무겁게 하였으나 왕
은 우리를 위하여 가볍게 하라 하였은즉
왕은 대답하기를 내 새끼 손가락이 내 아
버지의 허리보다 굵으니

11 내 아버지께서 너희에게 무거운 멍에
를 메게 하였으나 이제 나는 너희의 멍에
를 더욱 무겁게 할지라 내 아버지는 채찍
으로 너희를 징계하였으나 나는 전갈 채
찍으로 너희를 징계하리라 하소서

12 삼 일 만에 여로보암과 모든 백성이 르
호보암에게 나아왔으니 이는 왕이 명령
하여 이르기를 삼 일 만에 내게로 다시 오
라 하였음이라

13 왕이 포학한 말로 백성에게 대답할새
노인의 자문을 버리고

14 어린 사람들의 자문을 따라 그들에게
말하여 이르되 내 아버지는 너희의 멍에
를 무겁게 하였으나 나는 너희의 멍에를
더욱 무겁게 할지라 내 아버지는 채찍으
로 너희를 징계하였으나 나는 전갈 채찍
으로 너희를 징치하리라 하니라

15 왕이 이같이 백성의 말을 듣지 아니하
였으니 이 일은 여호와께로 말미암아 난
것이라 여호와께서 전에 실로 사람 아히
야로 느밧의 아들 여로보암에게 하신 말
씀을 이루게 하심이더라

16 온 이스라엘이 자기들의 말을 왕이 듣
지 아니함을 보고 왕에게 대답하여 이르

10

11

12

13

14

15

16

되 우리가 다윗과 무슨 관계가 있느냐 이
새의 아들에게서 받을 유산이 없도다 이
스라엘아 너희의 장막으로 돌아가라 다
윗이여 이제 너는 네 집이나 돌아보라 하
고 이스라엘이 그 장막으로 돌아가니라

17 그러나 유다 성읍들에 사는 이스라엘
자손에게는 르호보암이 그들의 왕이 되
었더라

18 르호보암 왕이 역군의 감독 아도람을
보냈더니 온 이스라엘이 그를 돌로 쳐죽
인지라 르호보암 왕이 급히 수레에 올라
예루살렘으로 도망하였더라

19 이에 이스라엘이 다윗의 집을 배반하
여 오늘까지 이르렀더라

20 온 이스라엘이 여로보암이 돌아왔다
함을 듣고 사람을 보내 그를 공회로 청하
여 온 이스라엘의 왕으로 삼았으니 유다
지파 외에는 다윗의 집을 따르는 자가 없
으니라

스마야가 여호와의 말씀을 전하다(대하 11:1-4)

21 르호보암이 예루살렘에 이르러 유다
온 족속과 베냐민 지파를 모으니 택한 용
사가 십팔만 명이라 이스라엘 족속과 싸
워 나라를 회복하여 솔로몬의 아들 르호
보암에게 돌리려 하더니

22 하나님의 말씀이 하나님의 사람 스마
야에게 임하여 이르시되

23 솔로몬의 아들 유다 왕 르호보암과 유
다와 베냐민 온 족속과 또 그 남은 백성에
게 말하여 이르기를

17

18

19

20

스마야가 여호와의 말씀을 전하다(대하 11:1-4)

21

22

23

24 여호와의 말씀이 너희는 올라가지 말
라 너희 형제 이스라엘 자손과 싸우지 말
고 각기 집으로 돌아가라 이 일이 나로 말
미암아 난 것이라 하셨다 하라 하신지라
그들이 여호와의 말씀을 듣고 그 말씀을
따라 돌아갔더라

여로보암이 금송아지를 만들다

25 여로보암이 에브라임 산지에 세겜을
건축하고 거기서 살며 또 거기서 나가서
부느엘을 건축하고

26 그의 마음에 스스로 이르기를 나라가
이제 다윗의 집으로 돌아가리로다

27 만일 이 백성이 예루살렘에 있는 여호
와의 성전에 제사를 드리고자 하여 올라
가면 이 백성의 마음이 유다 왕 된 그들의
주 르호보암에게로 돌아가서 나를 죽이
고 유다의 왕 르호보암에게로 돌아가리
로다 하고

28 이에 계획하고 두 금송아지를 만들고
무리에게 말하기를 너희가 다시는 예루
살렘에 올라갈 것이 없도다 이스라엘아
이는 너희를 애굽 땅에서 인도하여 올린
너희의 신들이라 하고

29 하나는 벧엘에 두고 하나는 단에 둔지
라

30 이 일이 죄가 되었으니 이는 백성들이
단까지 가서 그 하나에게 경배함이더라

31 그가 또 산당들을 짓고 레위 자손 아닌
보통 백성으로 제사장을 삼고

32 여덟째 달 곧 그 달 열다섯째 날로 절

24

여로보암이 금송아지를 만들다

25

26

27

28

29

30

31

32

기를 정하여 유다의 절기와 비슷하게 하
고 제단에 올라가되 벧엘에서 그와 같이
행하여 그가 만든 송아지에게 제사를 드
렸으며 그가 지은 산당의 제사장을 벧엘
에서 세웠더라

33 그가 자기 마음대로 정한 달 곧 여덟째
달 열다섯째 날로 이스라엘 자손을 위하
여 절기로 정하고 벧엘에 쌓은 제단에 올
라가서 분향하였더라

벧엘 제단 규탄

13 보라 그 때에 하나님의 사람이 여
호와의 말씀으로 말미암아 유다에
서부터 벧엘에 이르니 마침 여로보암이
제단 곁에 서서 분향하는지라

2 하나님의 사람이 제단을 향하여 여호
와의 말씀으로 외쳐 이르되 제단아 제단
아 여호와께서 이와 같이 말씀하시기를
다윗의 집에 요시야라 이름하는 아들을
낳으리니 그가 네 위에 분향하는 산당 제
사장을 네 위에서 제물로 바칠 것이요 또
사람의 뼈를 네 위에서 사르리라 하셨느
니라 하고

3 그 날에 그가 징조를 들어 이르되 이는
여호와께서 말씀하신 징조라 제단이 갈
라지며 그 위에 있는 재가 쏟아지리라 하
매

4 여로보암 왕이 하나님의 사람이 벧엘
에 있는 제단을 향하여 외쳐 말함을 들을
때에 제단에서 손을 펴며 그를 잡으라 하
더라 그를 향하여 편 손이 말라 다시 거두

33

벧엘 제단 규탄

13

2

3

4

지 못하며

5 하나님의 사람이 여호와의 말씀으로
보인 징조대로 제단이 갈라지며 재가 제
단에서 쏟아진지라

6 왕이 하나님의 사람에게 말하여 이르
되 청하건대 너는 나를 위하여 네 하나님
여호와께 은혜를 구하여 내 손이 다시 성
하게 기도하라 하나님의 사람이 여호와
께 은혜를 구하니 왕의 손이 다시 성하여
전과 같이 되니라

7 왕이 하나님의 사람에게 이르되 나와
함께 집에 가서 쉬라 내가 네게 예물을 주
리라

8 하나님의 사람이 왕께 대답하되 왕께
서 왕의 집 절반을 내게 준다 할지라도 나
는 왕과 함께 들어가지도 아니하고 이 곳
에서는 떡도 먹지 아니하고 물도 마시지
아니하리니

9 이는 곧 여호와의 말씀이 내게 명령하
여 이르시기를 떡도 먹지 말며 물도 마시
지 말고 왔던 길로 되돌아가지 말라 하셨
음이니이다 하고

10 이에 다른 길로 가고 자기가 벧엘에 오
던 길로 되돌아가지도 아니하니라

벧엘의 늙은 선지자

11 벧엘에 한 늙은 선지자가 살더니 그의
아들들이 와서 이 날에 하나님의 사람이
벧엘에서 행한 모든 일을 그에게 말하고
또 그가 왕에게 드린 말씀도 그들이 그들
의 아버지에게 말한지라

5

6

7

8

9

10

벧엘의 늙은 선지자

11

12 그들의 아버지가 그들에게 이르되 그
가 어느 길로 가더냐 하니 그의 아들들이
유다에서부터 온 하나님의 사람의 간 길
을 보았음이라

13 그가 그의 아들들에게 이르되 나를 위
하여 나귀에 안장을 지우라 그들이 나귀
에 안장을 지우니 그가 타고

14 하나님의 사람을 뒤따라가서 상수리
나무 아래에 앉은 것을 보고 이르되 그대
가 유다에서 온 하나님의 사람이냐 대답
하되 그러하다

15 그가 그 사람에게 이르되 나와 함께 집
으로 가서 떡을 먹으라

16 대답하되 나는 그대와 함께 돌아가지도
못하겠고 그대와 함께 들어가지도 못하겠
으며 내가 이 곳에서 그대와 함께 떡도 먹
지 아니하고 물도 마시지 아니하리니

17 이는 여호와의 말씀이 내게 이르시기
를 네가 거기서 떡도 먹지 말고 물도 마시
지 말며 또 네가 오던 길로 되돌아가지도
말라 하셨음이로다

18 그가 그 사람에게 이르되 나도 그대와
같은 선지자라 천사가 여호와의 말씀으
로 내게 이르기를 그를 네 집으로 데리고
돌아가서 그에게 떡을 먹이고 물을 마시
게 하라 하였느니라 하니 이는 그 사람을
속임이라

19 이에 그 사람이 그와 함께 돌아가서 그
의 집에서 떡을 먹으며 물을 마시니라

20 그들이 상 앞에 앉아 있을 때에 여호와

12

13

14

15

16

17

18

19

20

의 말씀이 그 사람을 데려온 선지자에게
임하니

21 그가 유다에서부터 온 하나님의 사람
을 향하여 외쳐 이르되 여호와의 말씀에
네가 여호와의 말씀을 어기며 네 하나님
여호와께서 네게 내리신 명령을 지키지
아니하고

22 돌아와서 여호와가 너더러 떡도 먹지
말고 물도 마시지 말라 하신 곳에서 떡을
먹고 물을 마셨으니 네 시체가 네 조상들
의 묘실에 들어가지 못하리라 하셨느니
라 하니라

23 그리고 자기가 데리고 온 선지자가 떡
을 먹고 물을 마신 후에 그를 위하여 나귀
에 안장을 지우니라

24 이에 그 사람이 가더니 사자가 길에서
그를 만나 물어 죽이매 그의 시체가 길에
버린 바 되니 나귀는 그 곁에 서 있고 사
자도 그 시체 곁에 서 있더라

25 지나가는 사람들이 길에 버린 시체와
그 시체 곁에 선 사자를 보고 그 늙은 선
지자가 사는 성읍에 가서 말한지라

26 그 사람을 길에서 데리고 돌아간 선지
자가 듣고 말하되 이는 여호와의 말씀을
어긴 하나님의 사람이로다 여호와께서
그에게 하신 말씀과 같이 여호와께서 그
를 사자에게 넘기시매 사자가 그를 찢어
죽였도다 하고

27 이에 그의 아들들에게 말하여 이르되
나를 위하여 나귀에 안장을 지우라 그들

21

22

23

24

25

26

27

이 안장을 지우매

28 그가 가서 본즉 그의 시체가 길에 버린
바 되었고 나귀와 사자는 그 시체 곁에 서
있는데 사자가 시체를 먹지도 아니하였
고 나귀를 찢지도 아니하였더라

29 늙은 선지자가 하나님의 사람의 시체
를 들어 나귀에 실어 가지고 돌아와 자기
성읍으로 들어가서 슬피 울며 장사하되

30 곧 그의 시체를 자기의 묘실에 두고 오
호라 내 형제여 하며 그를 위하여 슬피우
니라

31 그 사람을 장사한 후에 그가 그 아들들
에게 말하여 이르되 내가 죽거든 하나님
의 사람을 장사한 묘실에 나를 장사하되
내 뼈를 그의 뼈 곁에 두라

32 그가 여호와의 말씀으로 벧엘에 있는
제단을 향하고 또 사마리아 성읍들에 있
는 모든 산당을 향하여 외쳐 말한 것이 반
드시 이룰 것임이니라

여로보암의 죄

33 여로보암이 이 일 후에도 그의 악한 길
에서 떠나 돌이키지 아니하고 다시 일반
백성을 산당의 제사장으로 삼되 누구든
지 자원하면 그 사람을 산당의 제사장으
로 삼았으므로

34 이 일이 여로보암 집에 죄가 되어 그
집이 땅 위에서 끊어져 멸망하게 되니라

여로보암의 아들의 죽음

14 그 때에 여로보암의 아들 아비야가
병든지라

28

29

30

31

32

여로보암의 죄

33

34

여로보암의 아들의 죽음

14

2 여로보암이 자기 아내에게 이르되 청
하건대 일어나 변장하여 사람들이 그대
가 여로보암의 아내임을 알지 못하게 하
고 실로로 가라 거기 선지자 아히야가 있
나니 그는 이전에 내가 이 백성의 왕이 될
것을 내게 말한 사람이니라

3 그대의 손에 떡 열 개와 과자와 꿀 한
병을 가지고 그에게로 가라 그가 그대에
게 이 아이가 어떻게 될지를 알게 하리라

4 여로보암의 아내가 그대로 하여 일어
나 실로로 가서 아히야의 집에 이르니 아
히야는 나이가 많아 눈이 어두워 보지 못
하더라

5 여호와께서 아히야에게 이르시되 여
로보암의 아내가 자기 아들이 병 들었으
므로 네게 물으러 오나니 너는 이러이러
하게 대답하라 그가 들어올 때에 다른 사
람인 체함이니라

6 그가 문으로 들어올 때에 아히야가 그
발소리를 듣고 말하되 여로보암의 아내
여 들어오라 네가 어찌하여 다른 사람인
체하느냐 내가 명령을 받아 흉한 일을 네
게 전하리니

7 가서 여로보암에게 말하라 이스라엘
의 하나님 여호와의 말씀이 내가 너를 백
성 중에서 들어 내 백성 이스라엘의 주권
자가 되게 하고

8 나라를 다윗의 집에서 찢어내어 네게
주었거늘 너는 내 종 다윗이 내 명령을 지
켜 전심으로 나를 따르며 나 보기에 정직

2

3

4

5

6

7

8

한 일만 행하였음과 같지 아니하고
9 네 이전 사람들보다도 더 악을 행하고
가서 너를 위하여 다른 신을 만들며 우상
을 부어 만들어 나를 노엽게 하고 나를 네
등 뒤에 버렸도다
10 그러므로 내가 여로보암의 집에 재앙
을 내려 여로보암에게 속한 사내는 이스
라엘 가운데 매인 자나 놓인 자나 다 끊어
버리되 거름 더미를 쓸어 버림 같이 여로
보암의 집을 말갛게 쓸어 버릴지라
11 여로보암에게 속한 자가 성읍에서 죽
은즉 개가 먹고 들에서 죽은즉 공중의 새
가 먹으리니 이는 여호와께서 말씀하셨
음이니라 하셨나니
12 너는 일어나 네 집으로 가라 네 발이
성읍에 들어갈 때에 그 아이가 죽을지라
13 온 이스라엘이 그를 위하여 슬퍼하며
장사하려니와 여로보암에게 속한 자는
오직 이 아이만 묘실에 들어가리니 이는
여로보암의 집 가운데에서 그가 이스라
엘의 하나님 여호와를 향하여 선한 뜻을
품었음이니라
14 여호와께서 이스라엘 위에 한 왕을 일
으키신즉 그가 그 날에 여로보암의 집을
끊어 버리리라 언제냐 하니 곧 이제라
15 여호와께서 이스라엘을 쳐서 물에서
흔들리는 갈대 같이 되게 하시고 이스라
엘을 그의 조상들에게 주신 이 좋은 땅에
서 뽑아 그들을 강 너머로 흩으시리니 그
들이 아세라 상을 만들어 여호와를 진노

9

10

11

12

13

14

15

하게 하였음이니라
16 여호와께서 여로보암의 죄로 말미암
아 이스라엘을 버리시리니 이는 그도 범
죄하고 이스라엘로 범죄하게 하였음이니
라 하니라
17 여로보암의 아내가 일어나 디르사로
돌아가서 집 문지방에 이를 때에 그 아이
가 죽은지라
18 온 이스라엘이 그를 장사하고 그를 위
하여 슬퍼하니 여호와께서 그의 종 선지
자 아히야를 통하여 하신 말씀과 같이 되
었더라

여로보암의 죽음

19 여로보암의 그 남은 행적 곧 그가 어떻
게 싸웠는지와 어떻게 다스렸는지는 이
스라엘 왕 역대지략에 기록되니라
20 여로보암이 왕이 된 지 이십이 년이라
그가 그의 조상들과 함께 자매 그의 아들
나답이 대신하여 왕이 되니라

유다 왕 르호보암(대하 11:5-12:15)

21 솔로몬의 아들 르호보암은 유다 왕이
되었으니 르호보암이 왕위에 오를 때에
나이가 사십일 세라 여호와께서 자기 이
름을 두시려고 이스라엘 모든 지파 가운
데에서 택하신 성읍 예루살렘에서 십칠
년 동안 다스리니라 그의 어머니의 이름
은 나아마요 암몬 사람이더라
22 유다가 여호와 보시기에 악을 행하되
그의 조상들이 행한 모든 일보다 뛰어나
게 하여 그 범한 죄로 여호와를 노엽게 하

16
17
18
여로보암의 죽음
19
20
유다 왕 르호보암(대하 11:5-12:15)
21
22

였으니
23 이는 그들도 산 위에와 모든 푸른 나무
아래에 산당과 우상과 아세라 상을 세웠
음이라
24 그 땅에 또 남색하는 자가 있었고 여호
와께서 이스라엘 자손 앞에서 쫓아내신
국민의 모든 가증한 일을 무리가 본받아
행하였더라
25 르호보암 왕 제오년에 애굽의 왕 시삭
이 올라와서 예루살렘을 치고
26 여호와의 성전의 보물과 왕궁의 보물
을 모두 빼앗고 또 솔로몬이 만든 금 방패
를 다 빼앗은지라
27 르호보암 왕이 그 대신 놋으로 방패를
만들어 왕궁 문을 지키는 시위대 대장의
손에 맡기매
28 왕이 여호와의 성전에 들어갈 때마다
시위하는 자가 그 방패를 들고 갔다가 시
위소로 도로 가져갔더라
29 르호보암의 남은 사적과 그가 행한 모
든 일은 유다 왕 역대지략에 기록되지 아
니하였느냐
30 르호보암과 여로보암 사이에 항상 전
쟁이 있으니라
31 르호보암이 그의 조상들과 함께 자니
그의 조상들과 함께 다윗 성에 장사되니
라 그의 어머니의 이름은 나아마요 암몬
사람이더라 그의 아들 아비얌이 대신하
여 왕이 되니라

유다 왕 아비얌(대하 13:1-14:1)

23

24

25

26

27

28

29

30

31

유다 왕 아비얌(대하 13:1-14:1)

15 느밧의 아들 여로보암 왕 열여덟째
해에 아비얌이 유다 왕이 되고
2 예루살렘에서 삼 년 동안 다스리니라
그의 어머니의 이름은 마아가요 아비살
롬의 딸이더라
3 아비얌이 그의 아버지가 이미 행한 모
든 죄를 행하고 그의 마음이 그의 조상 다
윗의 마음과 같지 아니하여 그의 하나님
여호와 앞에 온전하지 못하였으나
4 그의 하나님 여호와께서 다윗을 위하
여 예루살렘에서 그에게 등불을 주시되
그의 아들을 세워 뒤를 잇게 하사 예루살
렘을 견고하게 하셨으니
5 이는 다윗이 헷 사람 우리아의 일 외에
는 평생에 여호와 보시기에 정직하게 행
하고 자기에게 명령하신 모든 일을 어기
지 아니하였음이라
6 르호보암과 여로보암 사이에 사는 날
동안 전쟁이 있었더니
7 아비얌과 여로보암 사이에도 전쟁이
있으니라 아비얌의 남은 사적과 그 행한
모든 일은 유다 왕 역대지략에 기록되지
아니하였느냐
8 아비얌이 그의 조상들과 함께 자니 다
윗 성에 장사되고 그 아들 아사가 대신하
여 왕이 되니라

유다 왕 아사(대하 15:16-16:6)

9 이스라엘의 여로보암 왕 제이십년에
아사가 유다 왕이 되어
10 예루살렘에서 사십일 년 동안 다스리

15

2

3

4

5

6

7

8

유다 왕 아사(대하 15:16-16:6)

9

10

니라 그의 어머니의 이름은 마아가라 아
비살롬의 딸이더라

11 아사가 그의 조상 다윗 같이 여호와 보
시기에 정직하게 행하여

12 남색하는 자를 그 땅에서 쫓아내고 그
의 조상들이 지은 모든 우상을 없애고

13 또 그의 어머니 마아가가 혐오스러운
아세라 상을 만들었으므로 태후의 위를
폐하고 그 우상을 찍어 기드론 시냇가에
서 불살랐으나

14 다만 산당은 없애지 아니하니라 그러
나 아사의 마음이 일평생 여호와 앞에 온
전하였으며

15 그가 그의 아버지가 성별한 것과 자기
가 성별한 것을 여호와의 성전에 받들어
드렸으니 곧 은과 금과 그릇들이더라

16 아사와 이스라엘의 왕 바아사 사이에
일생 동안 전쟁이 있으니라

17 이스라엘의 왕 바아사가 유다를 치러
올라와서 라마를 건축하여 사람을 유다
왕 아사와 왕래하지 못하게 하려 한지라

18 아사가 여호와의 성전 곳간과 왕궁 곳
간에 남은 은금을 모두 가져다가 그 신하
의 손에 넘겨 다메섹에 거주하고 있는 아
람의 왕 헤시온의 손자 다브림몬의 아들
벤하닷에게 보내며 이르되

19 나와 당신 사이에 약조가 있고 내 아버
지와 당신의 아버지 사이에도 있었느니
라 내가 당신에게 은금 예물을 보냈으니
와서 이스라엘의 왕 바아사와 세운 약조

11

12

13

14

15

16

17

18

19

를 깨뜨려서 그가 나를 떠나게 하라 하매
20 벤하닷이 아사 왕의 말을 듣고 그의 군
대 지휘관들을 보내 이스라엘 성읍들을
치되 이욘과 단과 아벨벧마아가와 긴네
렛 온 땅과 납달리 온 땅을 쳤더니
21 바아사가 듣고 라마를 건축하는 일을
중단하고 디르사에 거주하니라
22 이에 아사 왕이 온 유다에 명령을 내려
한 사람도 모면하지 못하게 하여 바아사
가 라마를 건축하던 돌과 재목을 가져오
게 하고 그것으로 베냐민의 게바와 미스
바를 건축하였더라
23 아사의 남은 사적과 모든 권세와 그가
행한 모든 일과 성읍을 건축한 일이 유다
왕 역대지략에 기록되지 아니하였느냐
그러나 그는 늘그막에 발에 병이 들었더
라
24 아사가 그의 조상들과 함께 자매 그의
조상들과 함께 그의 조상 다윗의 성읍에
장사되고 그의 아들 여호사밧이 대신하
여 왕이 되니라

이스라엘 왕 나답

25 유다의 아사 왕 둘째 해에 여로보암의
아들 나답이 이스라엘 왕이 되어 이 년 동
안 이스라엘을 다스리니라
26 그가 여호와 보시기에 악을 행하되 그
의 아버지의 길로 행하며 그가 이스라엘
에게 범하게 한 그 죄 중에 행한지라
27 이에 잇사갈 족속 아히야의 아들 바아
사가 그를 모반하여 블레셋 사람에게 속

20

21

22

23

24

이스라엘 왕 나답

25

26

27

한 깁브돈에서 그를 죽였으니 이는 나답
과 온 이스라엘이 깁브돈을 에워싸고 있
었음이더라

28 유다의 아사 왕 셋째 해에 바아사가 나
답을 죽이고 대신하여 왕이 되고

29 왕이 될 때에 여로보암의 온 집을 쳐서
생명 있는 자를 한 사람도 남기지 아니하
고 다 멸하였는데 여호와께서 그의 종 실
로 사람 아히야를 통하여 하신 말씀과 같
이 되었으니

30 이는 여로보암이 범죄하고 또 이스라
엘에게 범하게 한 죄로 말미암음이며 또
그가 이스라엘의 하나님 여호와를 노엽
게 한 일 때문이었더라

31 나답의 남은 사적과 행한 모든 일은 이
스라엘 왕 역대지략에 기록되지 아니하
였느냐

32 아사와 이스라엘의 바아사 왕 사이에
일생 동안 전쟁이 있으니라

이스라엘 왕 바아사

33 유다의 아사 왕 셋째 해에 아히야의 아
들 바아사가 디르사에서 모든 이스라엘
의 왕이 되어 이십사 년 동안 다스리니라

34 바아사가 여호와 보시기에 악을 행하
되 여로보암의 길로 행하며 그가 이스라
엘에게 범하게 한 그 죄 중에 행하였더라

16 여호와의 말씀이 하나니의 아들 예
후에게 임하여 바아사를 꾸짖어 이
르시되

2 내가 너를 티끌에서 들어 내 백성 이스

28
29
30
31
32
이스라엘 왕 바아사
33
34
16
2

라엘 위에 주권자가 되게 하였거늘 네가
여로보암의 길로 행하며 내 백성 이스라
엘에게 범죄하게 하여 그들의 죄로 나를
노엽게 하였은즉

3 내가 너 바아사와 네 집을 쓸어버려 네
집이 느밧의 아들 여로보암의 집 같이 되
게 하리니

4 바아사에게 속한 자가 성읍에서 죽은
즉 개가 먹고 그에게 속한 자가 들에서 죽
은즉 공중의 새가 먹으리라 하셨더라

5 바아사의 남은 사적과 행한 모든 일과
권세는 이스라엘 왕 역대지략에 기록되
지 아니하였느냐

6 바아사가 그의 조상들과 함께 자매 디
르사에 장사되고 그의 아들 엘라가 대신
하여 왕이 되니라

7 여호와의 말씀이 하나니의 아들 선지
자 예후에게도 임하사 바아사와 그의 집
을 꾸짖으심은 그가 여로보암의 집과 같
이 여호와 보시기에 모든 악을 행하며 그
의 손의 행위로 여호와를 노엽게 하였음
이며 또 그의 집을 쳤음이더라

이스라엘 왕 엘라

8 유다의 아사 왕 제이십육년에 바아사
의 아들 엘라가 디르사에서 이스라엘의
왕이 되어 이 년 동안 그 왕위에 있으니라

9 엘라가 디르사에 있어 왕궁 맡은 자 아
르사의 집에서 마시고 취할 때에 그 신하
곧 병거 절반을 통솔한 지휘관 시므리가
왕을 모반하여

3

4

5

6

7

이스라엘 왕 엘라

8

9

10 시므리가 들어가서 그를 쳐죽이고 그
를 대신하여 왕이 되니 곧 유다의 아사 왕
제이십칠년이라

11 시므리가 왕이 되어 왕위에 오를 때에
바아사의 온 집안 사람들을 죽이되 남자
는 그의 친족이든지 그의 친구든지 한 사
람도 남기지 아니하고

12 바아사의 온 집을 멸하였는데 선지자
예후를 통하여 바아사를 꾸짖어 하신 여
호와의 말씀 같이 되었으니

13 이는 바아사의 모든 죄와 그의 아들 엘
라의 죄 때문이라 그들이 범죄하고 또 이
스라엘에게 범죄하게 하여 그들의 헛된
것들로 이스라엘의 하나님 여호와를 노
하시게 하였더라

14 엘라의 남은 사적과 행한 모든 일은 이
스라엘 왕 역대지략에 기록되지 아니하
였느냐

이스라엘 왕 시므리

15 유다의 아사 왕 제이십칠년에 시므리
가 디르사에서 칠 일 동안 왕이 되니라 그
때에 백성들이 블레셋 사람에게 속한 깁
브돈을 향하여 진을 치고 있더니

16 진중 백성들이 시므리가 모반하여 왕
을 죽였다는 말을 들은지라 그 날에 이스
라엘의 무리가 진에서 군대 지휘관 오므
리를 이스라엘의 왕으로 삼으매

17 오므리가 이에 이스라엘의 무리를 거
느리고 깁브돈에서부터 올라와서 디르사
를 에워 쌌더라

10

11

12

13

14

이스라엘 왕 시므리

15

16

17

18 시므리가 성읍이 함락됨을 보고 왕궁
요새에 들어가서 왕궁에 불을 지르고 그
가운데에서 죽었으니

19 이는 그가 여호와 보시기에 악을 행하
여 범죄하였기 때문이니라 그가 여로보
암의 길로 행하며 그가 이스라엘에게 죄
를 범하게 한 그 죄 중에 행하였더라

20 시므리의 남은 행위와 그가 반역한 일
은 이스라엘 왕 역대지략에 기록되지 아
니하였느냐

이스라엘 왕 오므리

21 그 때에 이스라엘 백성이 둘로 나뉘어
그 절반은 기낫의 아들 디브니를 따라 그
를 왕으로 삼으려 하고 그 절반은 오므리
를 따랐더니

22 오므리를 따른 백성이 기낫의 아들 디
브니를 따른 백성을 이긴지라 디브니가
죽으매 오므리가 왕이 되니라

23 유다의 아사 왕 제삼십일년에 오므리
가 이스라엘의 왕이 되어 십이 년 동안 왕
위에 있으며 디르사에서 육 년 동안 다스
리니라

24 그가 은 두 달란트로 세멜에게서 사마
리아 산을 사고 그 산 위에 성읍을 건축하
고 그 건축한 성읍 이름을 그 산 주인이었
던 세멜의 이름을 따라 사마리아라 일컬
었더라

25 오므리가 여호와 보시기에 악을 행하
되 그 전의 모든 사람보다 더욱 악하게 행
하여

18

19

20

이스라엘 왕 오므리

21

22

23

24

25

26 느밧의 아들 여로보암의 모든 길로 행
하며 그가 이스라엘에게 죄를 범하게 한
그 죄 중에 행하여 그들의 헛된 것들로 이
스라엘의 하나님 여호와를 노하시게 하
였더라
27 오므리가 행한 그 남은 사적과 그가 부
린 권세는 이스라엘 왕 역대지략에 기록
되지 아니하였느냐
28 오므리가 그의 조상들과 함께 자매 사
마리아에 장사되고 그의 아들 아합이 대
신하여 왕이 되니라

이스라엘 왕 아합

29 유다의 아사 왕 제삼십팔년에 오므리
의 아들 아합이 이스라엘의 왕이 되니라
오므리의 아들 아합이 사마리아에서 이
십이 년 동안 이스라엘을 다스리니라
30 오므리의 아들 아합이 그의 이전의 모
든 사람보다 여호와 보시기에 악을 더욱
행하여
31 느밧의 아들 여로보암의 죄를 따라 행
하는 것을 오히려 가볍게 여기며 시돈 사
람의 왕 엣바알의 딸 이세벨을 아내로 삼
고 가서 바알을 섬겨 예배하고
32 사마리아에 건축한 바알의 신전 안에
바알을 위하여 제단을 쌓으며
33 또 아세라 상을 만들었으니 그는 그 이
전의 이스라엘의 모든 왕보다 심히 이스
라엘 하나님 여호와를 노하시게 하였더
라
34 그 시대에 벧엘 사람 히엘이 여리고를

26

27

28

이스라엘 왕 아합

29

30

31

32

33

34

건축하였는데 그가 그 터를 쌓을 때에 맏
아들 아비람을 잃었고 그 성문을 세울 때
에 막내 아들 스굽을 잃었으니 여호와께
서 눈의 아들 여호수아를 통하여 하신 말
씀과 같이 되었더라

엘리야와 가뭄

17 길르앗에 우거하는 자 중에 디셉 사
람 엘리야가 아합에게 말하되 내가
섬기는 이스라엘의 하나님 여호와께서
살아 계심을 두고 맹세하노니 내 말이 없
으면 수 년 동안 비도 이슬도 있지 아니하
리라 하니라

2 여호와의 말씀이 엘리야에게 임하여
이르시되

3 너는 여기서 떠나 동쪽으로 가서 요단
앞 그릿 시냇가에 숨고

4 그 시냇물을 마시라 내가 까마귀들에
게 명령하여 거기서 너를 먹이게 하리라

5 그가 여호와의 말씀과 같이 하여 곧 가
서 요단 앞 그릿 시냇가에 머물매

6 까마귀들이 아침에도 떡과 고기를, 저
녁에도 떡과 고기를 가져왔고 그가 시냇
물을 마셨으나

7 땅에 비가 내리지 아니하므로 얼마 후
에 그 시내가 마르니라

엘리야와 사르밧 과부

8 여호와의 말씀이 엘리야에게 임하여
이르시되

9 너는 일어나 시돈에 속한 사르밧으로
가서 거기 머물라 내가 그 곳 과부에게 명

엘리야와 가뭄

17

2

3

4

5

6

7

엘리야와 사르밧 과부

8

9

령하여 네게 음식을 주게 하였느니라

10 그가 일어나 사르밧으로 가서 성문에
이를 때에 한 과부가 그 곳에서 나뭇가지
를 줍는지라 이에 불러 이르되 청하건대
그릇에 물을 조금 가져다가 내가 마시게
하라

11 그가 가지러 갈 때에 엘리야가 그를 불
러 이르되 청하건대 네 손의 떡 한 조각을
내게로 가져오라

12 그가 이르되 당신의 하나님 여호와께
서 살아 계심을 두고 맹세하노니 나는 떡
이 없고 다만 통에 가루 한 움큼과 병에
기름 조금 뿐이라 내가 나뭇가지 둘을 주
워다가 나와 내 아들을 위하여 음식을 만
들어 먹고 그 후에는 죽으리라

13 엘리야가 그에게 이르되 두려워하지
말고 가서 네 말대로 하려니와 먼저 그것
으로 나를 위하여 작은 떡 한 개를 만들어
내게로 가져오고 그 후에 너와 네 아들을
위하여 만들라

14 이스라엘의 하나님 여호와의 말씀이
나 여호와가 비를 지면에 내리는 날까지
그 통의 가루가 떨어지지 아니하고 그 병
의 기름이 없어지지 아니하리라 하셨느
니라

15 그가 가서 엘리야의 말대로 하였더니
그와 엘리야와 그의 식구가 여러 날 먹었
으나

16 여호와께서 엘리야를 통하여 하신 말
씀 같이 통의 가루가 떨어지지 아니하고

10

11

12

13

14

15

16

병의 기름이 없어지지 아니하니라

17 이 일 후에 그 집 주인 되는 여인의 아
들이 병들어 증세가 심히 위중하다가 숨
이 끊어진지라

18 여인이 엘리야에게 이르되 하나님의
사람이여 당신이 나와 더불어 무슨 상관
이 있기로 내 죄를 생각나게 하고 또 내
아들을 죽게 하려고 내게 오셨나이까

19 엘리야가 그에게 그의 아들을 달라 하
여 그를 그 여인의 품에서 받아 안고 자기
가 거처하는 다락에 올라가서 자기 침상
에 누이고

20 여호와께 부르짖어 이르되 내 하나님
여호와여 주께서 또 내가 우거하는 집 과
부에게 재앙을 내리사 그 아들이 죽게 하
셨나이까 하고

21 그 아이 위에 몸을 세 번 펴서 엎드리
고 여호와께 부르짖어 이르되 내 하나님
여호와여 원하건대 이 아이의 혼으로 그
의 몸에 돌아오게 하옵소서 하니

22 여호와께서 엘리야의 소리를 들으시
므로 그 아이의 혼이 몸으로 돌아오고 살
아난지라

23 엘리야가 그 아이를 안고 다락에서 방
으로 내려가서 그의 어머니에게 주며 이
르되 보라 네 아들이 살아났느니라

24 여인이 엘리야에게 이르되 내가 이제
야 당신은 하나님의 사람이시요 당신의
입에 있는 여호와의 말씀이 진실한 줄 아
노라 하니라

17

18

19

20

21

22

23

24

엘리야와 바알 선지자들

18 많은 날이 지나고 제삼년에 여호와
의 말씀이 엘리야에게 임하여 이르
시되 너는 가서 아합에게 보이라 내가 비
를 지면에 내리리라
2 엘리야가 아합에게 보이려고 가니 그
때에 사마리아에 기근이 심하였더라
3 아합이 왕궁 맡은 자 오바댜를 불렀으
니 이 오바댜는 여호와를 지극히 경외하
는 자라
4 이세벨이 여호와의 선지자들을 멸할
때에 오바댜가 선지자 백 명을 가지고 오
십 명씩 굴에 숨기고 떡과 물을 먹였더라
5 아합이 오바댜에게 이르되 이 땅의 모
든 물 근원과 모든 내로 가자 혹시 꼴을
얻으리라 그리하면 말과 노새를 살리리
니 짐승을 다 잃지 않게 되리라 하고
6 두 사람이 두루 다닐 땅을 나누어 아합
은 홀로 이 길로 가고 오바댜는 홀로 저
길로 가니라
7 오바댜가 길에 있을 때에 엘리야가 그
를 만난지라 그가 알아보고 엎드려 말하
되 내 주 엘리야여 당신이시니이까
8 그가 그에게 대답하되 그러하다 가서
네 주에게 말하기를 엘리야가 여기 있다
하라
9 이르되 내가 무슨 죄를 범하였기에 당
신이 당신의 종을 아합의 손에 넘겨 죽이
게 하려 하시나이까
10 당신의 하나님 여호와께서 살아 계심

엘리야와 바알 선지자들

18

2

3

4

5

6

7

8

9

10

을 두고 맹세하노니 내 주께서 사람을 보
내어 당신을 찾지 아니한 족속이나 나라
가 없었는데 그들이 말하기를 엘리야가
없다 하면 그 나라와 그 족속으로 당신을
보지 못하였다는 맹세를 하게 하였거늘

11 이제 당신의 말씀이 가서 네 주에게 말
하기를 엘리야가 여기 있다 하라 하시나

12 내가 당신을 떠나간 후에 여호와의 영
이 내가 알지 못하는 곳으로 당신을 이끌
어 가시리니 내가 가서 아합에게 말하였
다가 그가 당신을 찾지 못하면 내가 죽임
을 당하리이다 당신의 종은 어려서부터
여호와를 경외하는 자라

13 이세벨이 여호와의 선지자들을 죽일
때에 내가 여호와의 선지자 중에 백 명을
오십 명씩 굴에 숨기고 떡과 물로 먹인 일
이 내 주에게 들리지 아니하였나이까

14 이제 당신의 말씀이 가서 네 주에게 말
하기를 엘리야가 여기 있다 하라 하시니
그리하면 그가 나를 죽이리이다

15 엘리야가 이르되 내가 섬기는 만군의
여호와께서 살아 계심을 두고 맹세하노
니 내가 오늘 아합에게 보이리라

16 오바댜가 가서 아합을 만나 그에게 말
하매 아합이 엘리야를 만나러 가다가

17 엘리야를 볼 때에 아합이 그에게 이르
되 이스라엘을 괴롭게 하는 자여 너냐

18 그가 대답하되 내가 이스라엘을 괴롭
게 한 것이 아니라 당신과 당신의 아버지
의 집이 괴롭게 하였으니 이는 여호와의

명령을 버렸고 당신이 바알들을 따랐음
이라

19 그런즉 사람을 보내 온 이스라엘과 이
세벨의 상에서 먹는 바알의 선지자 사백
오십 명과 아세라의 선지자 사백 명을 갈
멜 산으로 모아 내게로 나아오게 하소서

20 아합이 이에 이스라엘의 모든 자손에
게로 사람을 보내 선지자들을 갈멜 산으
로 모으니라

21 엘리야가 모든 백성에게 가까이 나아
가 이르되 너희가 어느 때까지 둘 사이에
서 머뭇머뭇 하려느냐 여호와가 만일 하
나님이면 그를 따르고 바알이 만일 하나
님이면 그를 따를지니라 하니 백성이 말
한마디도 대답하지 아니하는지라

22 엘리야가 백성에게 이르되 여호와의
선지자는 나만 홀로 남았으나 바알의 선
지자는 사백오십 명이로다

23 그런즉 송아지 둘을 우리에게 가져오
게 하고 그들은 송아지 한 마리를 택하여
각을 떠서 나무 위에 놓고 불은 붙이지 말
며 나도 송아지 한 마리를 잡아 나무 위에
놓고 불은 붙이지 않고

24 너희는 너희 신의 이름을 부르라 나는
여호와의 이름을 부르리니 이에 불로 응
답하는 신 그가 하나님이니라 백성이 다
대답하되 그 말이 옳도다 하니라

25 엘리야가 바알의 선지자들에게 이르
되 너희는 많으니 먼저 송아지 한 마리를
택하여 잡고 너희 신의 이름을 부르라 그

러나 불을 붙이지 말라
26 그들이 받은 송아지를 가져다가 잡고 26
아침부터 낮까지 바알의 이름을 불러 이
르되 바알이여 우리에게 응답하소서 하
나 아무 소리도 없고 아무 응답하는 자도
없으므로 그들이 그 쌓은 제단 주위에서
뛰놀더라
27 정오에 이르러는 엘리야가 그들을 조 27
롱하여 이르되 큰 소리로 부르라 그는 신
인즉 묵상하고 있는지 혹은 그가 잠깐 나
갔는지 혹은 그가 길을 행하는지 혹은 그
가 잠이 들어서 깨워야 할 것인지 하매
28 이에 그들이 큰 소리로 부르고 그들의 28
규례를 따라 피가 흐르기까지 칼과 창으
로 그들의 몸을 상하게 하더라
29 이같이 하여 정오가 지났고 그들이 미 29
친 듯이 떠들어 저녁 소제 드릴 때까지 이
르렀으나 아무 소리도 없고 응답하는 자
나 돌아보는 자가 아무도 없더라
30 엘리야가 모든 백성을 향하여 이르되 30
내게로 가까이 오라 백성이 다 그에게 가
까이 가매 그가 무너진 여호와의 제단을
수축하되
31 야곱의 아들들의 지파의 수효를 따라 31
엘리야가 돌 열두 개를 취하니 이 야곱은
옛적에 여호와의 말씀이 임하여 이르시
기를 네 이름을 이스라엘이라 하리라 하
신 자더라
32 그가 여호와의 이름을 의지하여 그 돌 32
로 제단을 쌓고 제단을 돌아가며 곡식 종

자 두 세아를 둘 만한 도랑을 만들고
33 또 나무를 벌이고 송아지의 각을 떠서
나무 위에 놓고 이르되 통 넷에 물을 채워
다가 번제물과 나무 위에 부으라 하고
34 또 이르되 다시 그리하라 하여 다시 그
리하니 또 이르되 세 번째로 그리하라 하
여 세 번째로 그리하니
35 물이 제단으로 두루 흐르고 도랑에도
물이 가득 찼더라
36 저녁 소제 드릴 때에 이르러 선지자 엘
리야가 나아가서 말하되 아브라함과 이
삭과 이스라엘의 하나님 여호와여 주께
서 이스라엘 중에서 하나님이신 것과 내
가 주의 종인 것과 내가 주의 말씀대로 이
모든 일을 행하는 것을 오늘 알게 하옵소
서
37 여호와여 내게 응답하옵소서 내게 응
답하옵소서 이 백성에게 주 여호와는 하
나님이신 것과 주는 그들의 마음을 되돌
이키심을 알게 하옵소서 하매
38 이에 여호와의 불이 내려서 번제물과
나무와 돌과 흙을 태우고 또 도랑의 물을
핥은지라
39 모든 백성이 보고 엎드려 말하되 여호
와 그는 하나님이시로다 여호와 그는 하
나님이시로다 하니
40 엘리야가 그들에게 이르되 바알의 선
지자를 잡되 그들 중 하나도 도망하지 못
하게 하라 하매 곧 잡은지라 엘리야가 그
들을 기손 시내로 내려다가 거기서 죽이

33

34

35

36

37

38

39

40

니라

가뭄이 그침

41 엘리야가 아합에게 이르되 올라가서
먹고 마시소서 큰 비 소리가 있나이다
42 아합이 먹고 마시러 올라가니라 엘리
야가 갈멜 산 꼭대기로 올라가서 땅에 꿇
어 엎드려 그의 얼굴을 무릎 사이에 넣고
43 그의 사환에게 이르되 올라가 바다쪽
을 바라보라 그가 올라가 바라보고 말하
되 아무것도 없나이다 이르되 일곱 번까
지 다시 가라
44 일곱 번째 이르러서는 그가 말하되 바
다에서 사람의 손 만한 작은 구름이 일어
나나이다 이르되 올라가 아합에게 말하
기를 비에 막히지 아니하도록 마차를 갖
추고 내려가소서 하라 하니라
45 조금 후에 구름과 바람이 일어나서 하
늘이 캄캄해지며 큰 비가 내리는지라 아
합이 마차를 타고 이스르엘로 가니
46 여호와의 능력이 엘리야에게 임하매
그가 허리를 동이고 이스르엘로 들어가
는 곳까지 아합 앞에서 달려갔더라

호렙 산의 엘리야

19 아합이 엘리야가 행한 모든 일과
그가 어떻게 모든 선지자를 칼로
죽였는지를 이세벨에게 말하니
2 이세벨이 사신을 엘리야에게 보내어
이르되 내가 내일 이맘때에는 반드시 네
생명을 저 사람들 중 한 사람의 생명과 같
게 하리라 그렇게 하지 아니하면 신들이

가뭄이 그침
41
42
43
44
45
46
호렙 산의 엘리야
19
2

내게 벌 위에 벌을 내림이 마땅하니라 한
지라

3 그가 이 형편을 보고 일어나 자기의 생
명을 위해 도망하여 유다에 속한 브엘세
바에 이르러 자기의 사환을 그 곳에 머물
게 하고

4 자기 자신은 광야로 들어가 하룻길쯤
가서 한 로뎀 나무 아래에 앉아서 자기가
죽기를 원하여 이르되 여호와여 넉넉하
오니 지금 내 생명을 거두시옵소서 나는
내 조상들보다 낫지 못하니이다 하고

5 로뎀 나무 아래에 누워 자더니 천사가
그를 어루만지며 그에게 이르되 일어나
서 먹으라 하는지라

6 본즉 머리맡에 숯불에 구운 떡과 한 병
물이 있더라 이에 먹고 마시고 다시 누웠
더니

7 여호와의 천사가 또 다시 와서 어루만
지며 이르되 일어나 먹으라 네가 갈 길을
다 가지 못할까 하노라 하는지라

8 이에 일어나 먹고 마시고 그 음식물의
힘을 의지하여 사십 주 사십 야를 가서 하
나님의 산 호렙에 이르니라

9 엘리야가 그 곳 굴에 들어가 거기서 머
물더니 여호와의 말씀이 그에게 임하여
이르시되 엘리야야 네가 어찌하여 여기
있느냐

10 그가 대답하되 내가 만군의 하나님 여
호와께 열심이 유별하오니 이는 이스라
엘 자손이 주의 언약을 버리고 주의 제단

3

4

5

6

7

8

9

10

을 헐며 칼로 주의 선지자들을 죽였음이
오며 오직 나만 남았거늘 그들이 내 생명
을 찾아 빼앗으려 하나이다

11 여호와께서 이르시되 너는 나가서 여
호와 앞에서 산에 서라 하시더니 여호와
께서 지나가시는데 여호와 앞에 크고 강
한 바람이 산을 가르고 바위를 부수나 바
람 가운데에 여호와께서 계시지 아니하
며 바람 후에 지진이 있으나 지진 가운데
에도 여호와께서 계시지 아니하며

12 또 지진 후에 불이 있으나 불 가운데에
도 여호와께서 계시지 아니하더니 불 후
에 세미한 소리가 있는지라

13 엘리야가 듣고 겉옷으로 얼굴을 가리
고 나가 굴 어귀에 서매 소리가 그에게 임
하여 이르시되 엘리야야 네가 어찌하여
여기 있느냐

14 그가 대답하되 내가 만군의 하나님 여
호와께 열심이 유별하오니 이는 이스라
엘 자손이 주의 언약을 버리고 주의 제단
을 헐며 칼로 주의 선지자들을 죽였음이
오며 오직 나만 남았거늘 그들이 내 생명
을 찾아 빼앗으려 하나이다

15 여호와께서 그에게 이르시되 너는 네
길을 돌이켜 광야를 통하여 다메섹에 가
서 이르거든 하사엘에게 기름을 부어 아
람의 왕이 되게 하고

16 너는 또 님시의 아들 예후에게 기름을
부어 이스라엘의 왕이 되게 하고 또 아벨
므홀라 사밧의 아들 엘리사에게 기름을

11

12

13

14

15

16

부어 너를 대신하여 선지자가 되게 하라
17 하사엘의 칼을 피하는 자를 예후가 죽
일 것이요 예후의 칼을 피하는 자를 엘리
사가 죽이리라
18 그러나 내가 이스라엘 가운데에 칠천
명을 남기리니 다 바알에게 무릎을 꿇지
아니하고 다 바알에게 입맞추지 아니한
자니라

엘리야가 엘리사를 부르다

19 엘리야가 거기서 떠나 사밧의 아들 엘
리사를 만나니 그가 열두 겨릿소를 앞세
우고 밭을 가는데 자기는 열두째 겨릿소
와 함께 있더라 엘리야가 그리로 건너가
서 겉옷을 그의 위에 던졌더니
20 그가 소를 버리고 엘리야에게로 달려
가서 이르되 청하건대 나를 내 부모와 입
맞추게 하소서 그리한 후에 내가 당신을
따르리이다 엘리야가 그에게 이르되 돌
아가라 내가 네게 어떻게 행하였느냐 하
니라
21 엘리사가 그를 떠나 돌아가서 한 겨릿
소를 가져다가 잡고 소의 기구를 불살라
그 고기를 삶아 백성에게 주어 먹게 하고
일어나 엘리야를 따르며 수종 들었더라

아람과 이스라엘의 싸움

20 아람의 벤하닷 왕이 그의 군대를
다 모으니 왕 삼십이 명이 그와 함
께 있고 또 말과 병거들이 있더라 이에 올
라가서 사마리아를 에워싸고 그 곳을 치
며

17

18

엘리야가 엘리사를 부르다

19

20

21

아람과 이스라엘의 싸움

20

2 사자들을 성 안에 있는 이스라엘의 아
합 왕에게 보내 이르기를 벤하닷이 그에
게 이르되

3 네 은금은 내 것이요 네 아내들과 네
자녀들의 아름다운 자도 내 것이니라 하
매

4 이스라엘의 왕이 대답하여 말하기를
내 주 왕이여 왕의 말씀 같이 나와 내 것
은 다 왕의 것이니이다 하였더니

5 사신들이 다시 와서 이르되 벤하닷이
이르노라 내가 이미 네게 사람을 보내어
말하기를 너는 네 은금과 아내들과 자녀
들을 내게 넘기라 하였거니와

6 내일 이맘때에 내가 내 신하들을 네게
보내리니 그들이 네 집과 네 신하들의 집
을 수색하여 네 눈이 기뻐하는 것을 그들
의 손으로 잡아 가져가리라 한지라

7 이에 이스라엘 왕이 나라의 장로를 다
불러 이르되 너희는 이 사람이 악을 도모
하고 있는 줄을 자세히 알라 그가 내 아내
들과 내 자녀들과 내 은금을 빼앗으려고
사람을 내게 보냈으나 내가 거절하지 못
하였노라

8 모든 장로와 백성들이 다 왕께 아뢰되
왕은 듣지도 말고 허락하지도 마옵소서
한지라

9 그러므로 왕이 벤하닷의 사신들에게
이르되 너희는 내 주 왕께 말하기를 왕이
처음에 보내 종에게 구하신 것은 내가 다
그대로 하려니와 이것은 내가 할 수 없나

2
3
4
5
6
7
8
9

이다 하라 하니 사자들이 돌아가서 보고
하니라

10 **그 때에 벤하닷이 다시 그에게 사람을**
보내어 이르되 사마리아의 부스러진 것
이 나를 따르는 백성의 무리의 손에 채우
기에 족할 것 같으면 신들이 내게 벌 위에
벌을 내림이 마땅하니라 하매

11 **이스라엘 왕이 대답하여 이르되 갑옷**
입는 자가 갑옷 벗는 자 같이 자랑하지 못
할 것이라 하라 하니라

12 **그 때에 벤하닷이 왕들과 장막에서 마**
시다가 이 말을 듣고 그의 신하들에게 이
르되 너희는 진영을 치라 하매 곧 성읍을
향하여 진영을 치니라

13 **한 선지자가 이스라엘의 아합 왕에게**
나아가서 이르되 여호와의 말씀이 네가
이 큰 무리를 보느냐 내가 오늘 그들을 네
손에 넘기리니 너는 내가 여호와인 줄을
알리라 하셨나이다

14 **아합이 이르되 누구를 통하여 그렇게**
하시리이까 대답하되 여호와의 말씀이
각 지방 고관의 청년들로 하리라 하셨나
이다 아합이 이르되 누가 싸움을 시작하
리이까 대답하되 왕이니이다

15 **아합이 이에 각 지방 고관의 청년들을**
계수하니 이백삼십이 명이요 그 외에 모
든 백성 곧 이스라엘의 모든 자손을 계수
하니 칠천 명이더라

16 **그들이 정오에 나가니 벤하닷은 장막**
에서 돕는 왕 삼십이 명과 더불어 마시고

10

11

12

13

14

15

16

취한 중이라

17 각 지방의 고관의 청년들이 먼저 나갔
더라 벤하닷이 정탐꾼을 보냈더니 그들
이 보고하여 이르되 사마리아에서 사람
들이 나오더이다 하매

18 그가 이르되 화친하러 나올지라도 사
로잡고 싸우러 나올지라도 사로잡으라
하니라

19 각 지방 고관의 청년들과 그들을 따르
는 군대가 성읍에서 나가서

20 각각 적군을 쳐죽이매 아람 사람이 도
망하는지라 이스라엘이 쫓으니 아람 왕
벤하닷이 말을 타고 마병과 더불어 도망
하여 피하니라

21 이스라엘 왕이 나가서 말과 병거를 치
고 또 아람 사람을 쳐서 크게 이겼더라

아람 군대의 두 번째 공격

아람 군대의 두 번째 공격

22 그 선지자가 이스라엘 왕에게 나아와
이르되 왕은 가서 힘을 기르고 왕께서 행
할 일을 알고 준비하소서 해가 바뀌면 아
람 왕이 왕을 치러 오리이다 하니라

23 아람 왕의 신하들이 왕께 아뢰되 그들
의 신은 산의 신이므로 그들이 우리보다
강하였거니와 우리가 만일 평지에서 그
들과 싸우면 반드시 그들보다 강할지라

24 또 왕은 이 일을 행하실지니 곧 왕들을
제하여 각각 그 곳에서 떠나게 하고 그들
대신에 총독들을 두시고

25 또 왕의 잃어버린 군대와 같은 군대를
왕을 위하여 보충하고 말은 말대로, 병거

는 병거대로 보충하고 우리가 평지에서
그들과 싸우면 반드시 그들보다 강하리
이다 왕이 그 말을 듣고 그리하니라

26 해가 바뀌니 벤하닷이 아람 사람을 소
집하고 아벡으로 올라와서 이스라엘과
싸우려 하매

27 이스라엘 자손도 소집되어 군량을 받
고 마주 나가서 그들 앞에 진영을 치니 이
스라엘 자손은 두 무리의 적은 염소 떼와
같고 아람 사람은 그 땅에 가득하였더라

28 그 때에 하나님의 사람이 이스라엘 왕
에게 나아와 말하여 이르되 여호와의 말
씀에 아람 사람이 말하기를 여호와는 산
의 신이요 골짜기의 신은 아니라 하는도
다 그러므로 내가 이 큰 군대를 다 네 손
에 넘기리니 너희는 내가 여호와인 줄을
알리라 하셨나이다 하니라

29 진영이 서로 대치한 지 칠 일이라 일곱
째 날에 접전하여 이스라엘 자손이 하루
에 아람 보병 십만 명을 죽이매

30 그 남은 자는 아벡으로 도망하여 성읍
으로 들어갔더니 그 성벽이 그 남은 자 이
만 칠천 명 위에 무너지고 벤하닷은 도망
하여 성읍에 이르러 골방으로 들어가니
라

31 그의 신하들이 그에게 말하되 우리가
들은즉 이스라엘 집의 왕들은 인자한 왕
이라 하니 만일 우리가 굵은 베로 허리를
동이고 테두리를 머리에 쓰고 이스라엘
의 왕에게로 나아가면 그가 혹시 왕의 생

명을 살리리이다 하고

32 그들이 굵은 베로 허리를 동이고 테두
리를 머리에 쓰고 이스라엘의 왕에게 이
르러 이르되 왕의 종 벤하닷이 청하기를
내 생명을 살려 주옵소서 하더이다 아합
이 이르되 그가 아직도 살아 있느냐 그는
내 형제이니라

33 그 사람들이 좋은 징조로 여기고 그 말
을 얼른 받아 대답하여 이르되 벤하닷은
왕의 형제니이다 왕이 이르되 너희는 가
서 그를 인도하여 오라 벤하닷이 이에 왕
에게 나아오니 왕이 그를 병거에 올린지
라

34 벤하닷이 왕께 아뢰되 내 아버지께서
당신의 아버지에게서 빼앗은 모든 성읍
을 내가 돌려보내리이다 또 내 아버지께
서 사마리아에서 만든 것 같이 당신도 다
메섹에서 당신을 위하여 거리를 만드소
서 아합이 이르되 내가 이 조약으로 인해
당신을 놓으리라 하고 이에 더불어 조약
을 맺고 그를 놓았더라

한 선지자가 아합을 규탄하다

35 선지자의 무리 중 한 사람이 여호와의
말씀을 그의 친구에게 이르되 너는 나를
치라 하였더니 그 사람이 치기를 싫어하
는지라

36 그가 그 사람에게 이르되 네가 여호와
의 말씀을 듣지 아니하였으니 네가 나를
떠나갈 때에 사자가 너를 죽이리라 그 사
람이 그의 곁을 떠나가더니 사자가 그를

32

33

34

한 선지자가 아합을 규탄하다

35

36

만나 죽였더라
37 그가 또 다른 사람을 만나 이르되 너는
나를 치라 하매 그 사람이 그를 치되 상하
도록 친지라
38 선지자가 가서 수건으로 자기의 눈을
가리어 변장하고 길 가에서 왕을 기다리
다가
39 왕이 지나갈 때에 그가 소리 질러 왕을
불러 이르되 종이 전장 가운데에 나갔더
니 한 사람이 돌이켜 어떤 사람을 끌고 내
게로 와서 말하기를 이 사람을 지키라 만
일 그를 잃어 버리면 네 생명으로 그의 생
명을 대신하거나 그렇지 아니하면 네가
은 한 달란트를 내어야 하리라 하였거늘
40 종이 이리 저리 일을 볼 동안에 그가
없어졌나이다 이스라엘 왕이 그에게 이
르되 네가 스스로 결정하였으니 그대로
당하여야 하리라
41 그가 급히 자기의 눈을 가린 수건을 벗
으니 이스라엘 왕이 그는 선지자 중의 한
사람인 줄을 알아본지라
42 그가 왕께 아뢰되 여호와의 말씀이 내
가 멸하기로 작정한 사람을 네 손으로 놓
았은즉 네 목숨은 그의 목숨을 대신하고
네 백성은 그의 백성을 대신하리라 하셨
나이다
43 이스라엘 왕이 근심하고 답답하여 그
의 왕궁으로 돌아가려고 사마리아에 이
르니라

나봇의 포도원

37

38

39

40

41

42

43

나봇의 포도원

21 그 후에 이 일이 있으니라 이스르
엘 사람 나봇에게 이스르엘에 포도
원이 있어 사마리아의 왕 아합의 왕궁에
서 가깝더니

2 아합이 나봇에게 말하여 이르되 네 포
도원이 내 왕궁 곁에 가까이 있으니 내게
주어 채소 밭을 삼게 하라 내가 그 대신에
그보다 더 아름다운 포도원을 네게 줄 것
이요 만일 네가 좋게 여기면 그 값을 돈으
로 네게 주리라

3 나봇이 아합에게 말하되 내 조상의 유
산을 왕에게 주기를 여호와께서 금하실
지로다 하니

4 이스르엘 사람 나봇이 아합에게 대답
하여 이르기를 내 조상의 유산을 왕께 줄
수 없다 하므로 아합이 근심하고 답답하
여 왕궁으로 돌아와 침상에 누워 얼굴을
돌리고 식사를 아니하니

5 그의 아내 이세벨이 그에게 나아와 이
르되 왕의 마음에 무엇을 근심하여 식사
를 아니하나이까

6 왕이 그에게 이르되 내가 이스르엘 사
람 나봇에게 말하여 이르기를 네 포도원
을 내게 주되 돈으로 바꾸거나 만일 네가
좋아하면 내가 그 대신에 포도원을 네게
주리라 한즉 그가 대답하기를 내가 내 포
도원을 네게 주지 아니하겠노라 하기 때
문이로다

7 그의 아내 이세벨이 그에게 이르되 왕
이 지금 이스라엘 나라를 다스리시나이

21

2

3

4

5

6

7

까 일어나 식사를 하시고 마음을 즐겁게
하소서 내가 이스르엘 사람 나봇의 포도
원을 왕께 드리리이다 하고

8 아합의 이름으로 편지들을 쓰고 그 인
을 치고 봉하여 그의 성읍에서 나봇과 함
께 사는 장로와 귀족들에게 보내니

9 그 편지 사연에 이르기를 금식을 선포
하고 나봇을 백성 가운데에 높이 앉힌 후
에

10 불량자 두 사람을 그의 앞에 마주 앉히
고 그에게 대하여 증거하기를 네가 하나
님과 왕을 저주하였다 하게 하고 곧 그를
끌고 나가서 돌로 쳐죽이라 하였더라

11 그의 성읍 사람 곧 그의 성읍에 사는
장로와 귀족들이 이세벨의 지시 곧 그가
자기들에게 보낸 편지에 쓴 대로 하여

12 금식을 선포하고 나봇을 백성 가운데
높이 앉히매

13 때에 불량자 두 사람이 들어와 그의 앞
에 앉고 백성 앞에서 나봇에게 대하여 증
언을 하여 이르기를 나봇이 하나님과 왕
을 저주하였다 하매 무리가 그를 성읍 밖
으로 끌고 나가서 돌로 쳐죽이고

14 이세벨에게 통보하기를 나봇이 돌에
맞아 죽었나이다 하니

15 이세벨이 나봇이 돌에 맞아 죽었다 함
을 듣고 이세벨이 아합에게 이르되 일어
나 그 이스르엘 사람 나봇이 돈으로 바꾸
어 주기를 싫어하던 나봇의 포도원을 차
지하소서 나봇이 살아 있지 아니하고 죽

8

9

10

11

12

13

14

15

었나이다

16 아합은 나봇이 죽었다 함을 듣고 곧 일
어나 이스르엘 사람 나봇의 포도원을 차
지하러 그리로 내려갔더라

17 여호와의 말씀이 디셉 사람 엘리야에
게 임하여 이르시되

18 너는 일어나 내려가서 사마리아에 있
는 이스라엘의 아합 왕을 만나라 그가 나
봇의 포도원을 차지하러 그리로 내려갔
나니

19 너는 그에게 말하여 이르기를 여호와
의 말씀이 네가 죽이고 또 빼앗았느냐고
하셨다 하고 또 그에게 이르기를 여호와
의 말씀이 개들이 나봇의 피를 핥은 곳에
서 개들이 네 피 곧 네 몸의 피도 핥으리
라 하였다 하라

20 아합이 엘리야에게 이르되 내 대적자
여 네가 나를 찾았느냐 대답하되 내가 찾
았노라 네가 네 자신을 팔아 여호와 보시
기에 악을 행하였으므로

21 여호와의 말씀이 내가 재앙을 네게 내
려 너를 쓸어 버리되 네게 속한 남자는 이
스라엘 가운데에 매인 자나 놓인 자를 다
멸할 것이요

22 또 네 집이 느밧의 아들 여로보암의 집
처럼 되게 하고 아히야의 아들 바아사의
집처럼 되게 하리니 이는 네가 나를 노하
게 하고 이스라엘이 범죄하게 한 까닭이
니라 하셨고

23 이세벨에게 대하여도 여호와께서 말

씀하여 이르시되 개들이 이스르엘 성읍
곁에서 이세벨을 먹을지라
24 아합에게 속한 자로서 성읍에서 죽은
자는 개들이 먹고 들에서 죽은 자는 공중
의 새가 먹으리라고 하셨느니라 하니
25 예로부터 아합과 같이 그 자신을 팔아
여호와 앞에서 악을 행한 자가 없음은 그
를 그의 아내 이세벨이 충동하였음이라
26 그가 여호와께서 이스라엘 자손 앞에
서 쫓아내신 아모리 사람의 모든 행함 같
이 우상에게 복종하여 심히 가증하게 행
하였더라
27 아합이 이 모든 말씀을 들을 때에 그의
옷을 찢고 굵은 베로 몸을 동이고 금식하
고 굵은 베에 누우며 또 풀이 죽어 다니더
라
28 여호와의 말씀이 디셉 사람 엘리야에
게 임하여 이르시되
29 아합이 내 앞에서 겸비함을 네가 보느
냐 그가 내 앞에서 겸비하므로 내가 재앙
을 저의 시대에는 내리지 아니하고 그 아
들의 시대에야 그의 집에 재앙을 내리리
라 하셨더라

선지자 미가야가 아합에게 경고하다
(대하 18:2-27)

22 아람과 이스라엘 사이에 전쟁이
없이 삼 년을 지냈더라
2 셋째 해에 유다의 여호사밧 왕이 이스
라엘의 왕에게 내려가매
3 이스라엘의 왕이 그의 신하들에게 이

24
25
26
27
28
29
선지자 미가야가 아합에게 경고하다
(대하 18:2-27)
22
2
3

르되 길르앗 라못은 본래 우리의 것인 줄
을 너희가 알지 못하느냐 우리가 어찌 아
람의 왕의 손에서 도로 찾지 아니하고 잠
잠히 있으리요 하고

4 여호사밧에게 이르되 당신은 나와 함
께 길르앗 라못으로 가서 싸우시겠느냐
여호사밧이 이스라엘 왕에게 이르되 나
는 당신과 같고 내 백성은 당신의 백성과
같고 내 말들도 당신의 말들과 같으니이
다

5 여호사밧이 또 이스라엘의 왕에게 이
르되 청하건대 먼저 여호와의 말씀이 어
떠하신지 물어 보소서

6 이스라엘의 왕이 이에 선지자 사백 명
쯤 모으고 그들에게 이르되 내가 길르앗
라못에 가서 싸우랴 말랴 그들이 이르되
올라가소서 주께서 그 성읍을 왕의 손에
넘기시리이다

7 여호사밧이 이르되 이 외에 우리가 물
을 만한 여호와의 선지자가 여기 있지 아
니하니이까

8 이스라엘의 왕이 여호사밧 왕에게 이
르되 아직도 이믈라의 아들 미가야 한 사
람이 있으니 그로 말미암아 여호와께 물
을 수 있으나 그는 내게 대하여 길한 일은
예언하지 아니하고 흉한 일만 예언하기
로 내가 그를 미워하나이다 여호사밧이
이르되 왕은 그런 말씀을 마소서

9 이스라엘의 왕이 한 내시를 불러 이르
되 이믈라의 아들 미가야를 속히 오게 하

4

5

6

7

8

9

라 하니라

10 이스라엘의 왕과 유다의 여호사밧 왕
이 왕복을 입고 사마리아 성문 어귀 광장
에서 각기 왕좌에 앉아 있고 모든 선지자
가 그들의 앞에서 예언을 하고 있는데

11 그나아나의 아들 시드기야는 자기를
위하여 철로 뿔들을 만들어 가지고 말하
되 여호와의 말씀이 왕이 이것들로 아람
사람을 찔러 진멸하리라 하셨다 하고

12 모든 선지자도 그와 같이 예언하여 이르
기를 길르앗 라못으로 올라가 승리를 얻으
소서 여호와께서 그 성읍을 왕의 손에 넘기
시리이다 하더라

13 미가야를 부르러 간 사신이 일러 이르
되 선지자들의 말이 하나 같이 왕에게 길
하게 하니 청하건대 당신의 말도 그들 중
한 사람의 말처럼 길하게 하소서

14 미가야가 이르되 여호와께서 살아 계
심을 두고 맹세하노니 여호와께서 내게
말씀하시는 것 곧 그것을 내가 말하리라
하고

15 이에 왕에게 이르니 왕이 그에게 이르
되 미가야야 우리가 길르앗 라못으로 싸
우러 가랴 또는 말랴 그가 왕께 이르되 올
라가서 승리를 얻으소서 여호와께서 그
성읍을 왕의 손에 넘기시리이다

16 왕이 그에게 이르되 내가 몇 번이나 네
게 맹세하게 하여야 네가 여호와의 이름
으로 진실한 것으로만 내게 말하겠느냐

17 그가 이르되 내가 보니 온 이스라엘이

목자 없는 양 같이 산에 흩어졌는데 여호
와의 말씀이 이 무리에게 주인이 없으니
각각 평안히 자기의 집으로 돌아갈 것이
니라 하셨나이다

18 이스라엘의 왕이 여호사밧 왕에게 이
르되 저 사람이 내게 대하여 길한 것을 예
언하지 아니하고 흉한 것을 예언하겠다
고 당신에게 말씀하지 아니하였나이까

19 미가야가 이르되 그런즉 왕은 여호와
의 말씀을 들으소서 내가 보니 여호와께
서 그의 보좌에 앉으셨고 하늘의 만군이
그의 좌우편에 모시고 서 있는데

20 여호와께서 말씀하시기를 누가 아합
을 꾀어 그를 길르앗 라못에 올라가서 죽
게 할꼬 하시니 하나는 이렇게 하겠다 하
고 또 하나는 저렇게 하겠다 하였는데

21 한 영이 나아와 여호와 앞에 서서 말하
되 내가 그를 꾀겠나이다

22 여호와께서 그에게 이르시되 어떻게
하겠느냐 이르되 내가 나가서 거짓말하
는 영이 되어 그의 모든 선지자들의 입에
있겠나이다 여호와께서 이르시되 너는
꾀겠고 또 이루리라 나가서 그리하라 하
셨은즉

23 이제 여호와께서 거짓말하는 영을 왕
의 이 모든 선지자의 입에 넣으셨고 또 여
호와께서 왕에 대하여 화를 말씀하셨나
이다

24 그나아나의 아들 시드기야가 가까이
와서 미가야의 뺨을 치며 이르되 여호와

18

19

20

21

22

23

24

의 영이 나를 떠나 어디로 가서 네게 말씀
하시더냐
25 미가야가 이르되 네가 골방에 들어가
서 숨는 그 날에 보리라
26 이스라엘의 왕이 이르되 미가야를 잡
아 성주 아몬과 왕자 요아스에게로 끌고
돌아가서
27 말하기를 왕의 말씀이 이 놈을 옥에 가
두고 내가 평안히 돌아올 때까지 고생의
떡과 고생의 물을 먹이라 하였다 하라
28 미가야가 이르되 왕이 참으로 평안히
돌아오시게 될진대 여호와께서 나를 통
하여 말씀하지 아니하셨으리이다 또 이
르되 너희 백성들아 다 들을지어다 하니
라

아합의 죽음(대하 18:28-34)

29 이스라엘의 왕과 유다의 여호사밧 왕
이 길르앗 라못으로 올라가니라
30 이스라엘의 왕이 여호사밧에게 이르
되 나는 변장하고 전쟁터로 들어가려 하
노니 당신은 왕복을 입으소서 하고 이스
라엘의 왕이 변장하고 전쟁터로 들어가
니라
31 아람 왕이 그의 병거의 지휘관 삼십이
명에게 명령하여 이르기를 너희는 작은
자나 큰 자와 더불어 싸우지 말고 오직 이
스라엘 왕과 싸우라 한지라
32 병거의 지휘관들이 여호사밧을 보고
그들이 이르되 이가 틀림없이 이스라엘
의 왕이라 하고 돌이켜 그와 싸우려 한즉

25
26
27
28
아합의 죽음(대하 18:28-34)
29
30
31
32

여호사밧이 소리를 지르는지라
33 병거의 지휘관들이 그가 이스라엘의
왕이 아님을 보고 쫓기를 그치고 돌이켰
더라
34 한 사람이 무심코 활을 당겨 이스라엘
왕의 갑옷 솔기를 맞힌지라 왕이 그 병거
모는 자에게 이르되 내가 부상하였으니
네 손을 돌려 내가 전쟁터에서 나가게 하
라 하였으나
35 이 날에 전쟁이 맹렬하였으므로 왕이
병거 가운데에 붙들려 서서 아람 사람을
막다가 저녁에 이르러 죽었는데 상처의
피가 흘러 병거 바닥에 고였더라
36 해가 질 녘에 진중에서 외치는 소리가
있어 이르되 각기 성읍으로 또는 각기 본
향으로 가라 하더라
37 왕이 이미 죽으매 그의 시체를 메어 사
마리아에 이르러 왕을 사마리아에 장사
하니라
38 그 병거를 사마리아 못에서 씻으매 개
들이 그의 피를 핥았으니 여호와께서 하
신 말씀과 같이 되었더라 거기는 창기들
이 목욕하는 곳이었더라
39 아합의 남은 행적과 그가 행한 모든 일
과 그가 건축한 상아궁과 그가 건축한 모
든 성읍은 이스라엘 왕 역대지략에 기록
되지 아니하였느냐
40 아합이 그의 조상들과 함께 자매 그의
아들 아하시야가 대신하여 왕이 되니라

유다 왕 여호사밧(대하 20:31-21:1)

33

34

35

36

37

38

39

40

유다 왕 여호사밧(대하 20:31-21:1)

41 이스라엘의 아합 왕 제사년에 아사의
아들 여호사밧이 유다의 왕이 되니

42 여호사밧이 왕이 될 때에 나이가 삼십
오 세라 예루살렘에서 이십오 년 동안 다
스리니라 그의 어머니의 이름은 아수바
라 실히의 딸이더라

43 여호사밧이 그의 아버지 아사의 모든
길로 행하며 돌이키지 아니하고 여호와
앞에서 정직히 행하였으나 산당은 폐하
지 아니하였으므로 백성이 아직도 산당
에서 제사를 드리며 분향하였더라

44 여호사밧이 이스라엘의 왕과 더불어
화평하니라

45 여호사밧의 남은 사적과 그가 부린 권
세와 그가 어떻게 전쟁하였는지는 다 유
다 왕 역대지략에 기록되지 아니하였느
냐

46 그가 그의 아버지 아사의 시대에 남아
있던 남색하는 자들을 그 땅에서 쫓아내
었더라

47 그 때에 에돔에는 왕이 없고 섭정 왕이
있었더라

48 여호사밧이 다시스의 선박을 제조하
고 오빌로 금을 구하러 보내려 하였더니
그 배가 에시온게벨에서 파선하였으므로
가지 못하게 되매

49 아합의 아들 아하시야가 여호사밧에
게 이르되 내 종으로 당신의 종과 함께 배
에 가게 하라 하나 여호사밧이 허락하지
아니하였더라

50 여호사밧이 그의 조상들과 함께 자매
그의 조상 다윗 성에 그의 조상들과 함께
장사되고 그의 아들 여호람이 대신하여
왕이 되니라

50

이스라엘 왕 아하시야

이스라엘 왕 아하시야

51 유다의 여호사밧 왕 제십칠년에 아합
의 아들 아하시야가 사마리아에서 이스
라엘의 왕이 되어 이 년 동안 이스라엘을
다스리니라

51

52 그가 여호와 앞에서 악을 행하여 그의
아버지의 길과 그의 어머니의 길과 이스
라엘에게 범죄하게 한 느밧의 아들 여로
보암의 길로 행하며

52

53 바알을 섬겨 그에게 예배하여 이스라
엘의 하나님 여호와를 노하시게 하기를
그의 아버지의 온갖 행위 같이 하였더라

53

열왕기하 2Kings

엘리야와 아하시야 왕

1 아합이 죽은 후에 모압이 이스라엘을
배반하였더라

2 아하시야가 사마리아에 있는 그의 다
락 난간에서 떨어져 병들매 사자를 보내
며 그들에게 이르되 가서 에그론의 신 바
알세붑에게 이 병이 낫겠나 물어 보라 하
니라

3 여호와의 사자가 디셉 사람 엘리야에
게 이르되 너는 일어나 올라가서 사마리
아 왕의 사자를 만나 그에게 이르기를 이
스라엘에 하나님이 없어서 너희가 에그
론의 신 바알세붑에게 물으러 가느냐

4 그러므로 여호와의 말씀이 네가 올라
간 침상에서 내려오지 못할지라 네가 반
드시 죽으리라 하셨다 하라 엘리야가 이
에 가니라

5 사자들이 왕에게 돌아오니 왕이 그들
에게 이르되 너희는 어찌하여 돌아왔느
냐 하니

6 그들이 말하되 한 사람이 올라와서 우
리를 만나 이르되 너희는 너희를 보낸 왕
에게로 돌아가서 그에게 고하기를 여호
와의 말씀이 이스라엘에 하나님이 없어
서 네가 에그론의 신 바알세붑에게 물으
려고 보내느냐 그러므로 네가 올라간 침
상에서 내려오지 못할지라 네가 반드시

엘리야와 아하시야 왕

1

2

3

4

5

6

죽으리라 하셨다 하라 하더이다

7 왕이 그들에게 이르되 올라와서 너희
를 만나 이 말을 너희에게 한 그 사람은
어떤 사람이더냐

8 그들이 그에게 대답하되 그는 털이 많
은 사람인데 허리에 가죽 띠를 띠었더이
다 하니 왕이 이르되 그는 디셉 사람 엘리
야로다

9 이에 오십부장과 그의 군사 오십 명을
엘리야에게로 보내매 그가 엘리야에게로
올라가 본즉 산 꼭대기에 앉아 있는지라
그가 엘리야에게 이르되 하나님의 사람
이여 왕의 말씀이 내려오라 하셨나이다

10 엘리야가 오십부장에게 대답하여 이
르되 내가 만일 하나님의 사람이면 불이
하늘에서 내려와 너와 너의 오십 명을 사
를지로다 하매 불이 곧 하늘에서 내려와
그와 그의 군사 오십 명을 살랐더라

11 왕이 다시 다른 오십부장과 그의 군사
오십 명을 엘리야에게로 보내니 그가 엘
리야에게 말하여 이르되 하나님의 사람
이여 왕의 말씀이 속히 내려오라 하셨나
이다 하니

12 엘리야가 그들에게 대답하여 이르되
내가 만일 하나님의 사람이면 불이 하늘
에서 내려와 너와 너의 오십 명을 사를지
로다 하매 하나님의 불이 곧 하늘에서 내
려와 그와 그의 군사 오십 명을 살랐더라

13 왕이 세 번째 오십부장과 그의 군사 오
십 명을 보낸지라 셋째 오십부장이 올라

7

8

9

10

11

12

13

가서 엘리야 앞에 이르러 그의 무릎을 꿇
어 엎드려 간구하여 이르되 하나님의 사
람이여 원하건대 나의 생명과 당신의 종
인 이 오십 명의 생명을 당신은 귀히 보소
서

14 불이 하늘에서 내려와 전번의 오십부
장 둘과 그의 군사 오십 명을 살랐거니와
나의 생명을 당신은 귀히 보소서 하매

15 여호와의 사자가 엘리야에게 이르되
너는 그를 두려워하지 말고 함께 내려가
라 하신지라 엘리야가 곧 일어나 그와 함
께 내려와 왕에게 이르러

16 말하되 여호와의 말씀이 네가 사자를
보내 에그론의 신 바알세붑에게 물으려
하니 이스라엘에 그의 말을 물을 만한 하
나님이 안 계심이냐 그러므로 네가 그 올
라간 침상에서 내려오지 못할지라 네가
반드시 죽으리라 하셨다 하니라

17 왕이 엘리야가 전한 여호와의 말씀대
로 죽고 그가 아들이 없으므로 여호람이
그를 대신하여 왕이 되니 유다 왕 여호사
밧의 아들 여호람의 둘째 해였더라

18 아하시야가 행한 그 남은 사적은 모두
이스라엘 왕 역대지략에 기록되지 아니
하였느냐

엘리야가 하늘로 올라가다

2 여호와께서 회오리 바람으로 엘리야
를 하늘로 올리고자 하실 때에 엘리야
가 엘리사와 더불어 길갈에서 나가더니

2 엘리야가 엘리사에게 이르되 청하건

14

15

16

17

18

엘리야가 하늘로 올라가다

2

2

대 너는 여기 머물라 여호와께서 나를 벧
엘로 보내시느니라 하니 엘리사가 이르
되 여호와께서 살아 계심과 당신의 영혼
이 살아 있음을 두고 맹세하노니 내가 당
신을 떠나지 아니하겠나이다 하는지라
이에 두 사람이 벧엘로 내려가니

3 벧엘에 있는 선지자의 제자들이 엘리
사에게로 나아와 그에게 이르되 여호와
께서 오늘 당신의 선생을 당신의 머리 위
로 데려가실 줄을 아시나이까 하니 이르
되 나도 또한 아노니 너희는 잠잠하라 하
니라

4 엘리야가 그에게 이르되 엘리사야 청
하건대 너는 여기 머물라 여호와께서 나
를 여리고로 보내시느니라 엘리사가 이
르되 여호와께서 살아 계심과 당신의 영
혼이 살아 있음을 두고 맹세하노니 내가
당신을 떠나지 아니하겠나이다 하니라
그들이 여리고에 이르매

5 여리고에 있는 선지자의 제자들이 엘
리사에게 나아와 이르되 여호와께서 오
늘 당신의 선생을 당신의 머리 위로 데려
가실 줄을 아시나이까 하니 엘리사가 이
르되 나도 아노니 너희는 잠잠하라

6 엘리야가 또 엘리사에게 이르되 청하
건대 너는 여기 머물라 여호와께서 나를
요단으로 보내시느니라 하니 그가 이르
되 여호와께서 살아 계심과 당신의 영혼
이 살아 있음을 두고 맹세하노니 내가 당
신을 떠나지 아니하겠나이다 하는지라

3

4

5

6

이에 두 사람이 가니라

7 선지자의 제자 오십 명이 가서 멀리 서
서 바라보매 그 두 사람이 요단 가에 서
있더니

8 엘리야가 겉옷을 가지고 말아 물을 치
매 물이 이리 저리 갈라지고 두 사람이 마
른 땅 위로 건너더라

9 건너매 엘리야가 엘리사에게 이르되
나를 네게서 데려감을 당하기 전에 내가
네게 어떻게 할지를 구하라 엘리사가 이
르되 당신의 성령이 하시는 역사가 갑절
이나 내게 있게 하소서 하는지라

10 이르되 네가 어려운 일을 구하는도다
그러나 나를 네게서 데려가시는 것을 네
가 보면 그 일이 네게 이루어지려니와 그
렇지 아니하면 이루어지지 아니하리라
하고

11 두 사람이 길을 가며 말하더니 불수레
와 불말들이 두 사람을 갈라놓고 엘리야
가 회오리 바람으로 하늘로 올라가더라

12 엘리사가 보고 소리 지르되 내 아버지
여 내 아버지여 이스라엘의 병거와 그 마
병이여 하더니 다시 보이지 아니하는지
라 이에 엘리사가 자기의 옷을 잡아 둘로
찢고

13 엘리야의 몸에서 떨어진 겉옷을 주워
가지고 돌아와 요단 언덕에 서서

14 엘리야의 몸에서 떨어진 그의 겉옷을
가지고 물을 치며 이르되 엘리야의 하나
님 여호와는 어디 계시니이까 하고 그도

7

8

9

10

11

12

13

14

물을 치매 물이 이리 저리 갈라지고 엘리
사가 건너니라

15 맞은편 여리고에 있는 선지자의 제자
들이 그를 보며 말하기를 엘리야의 성령
이 하시는 역사가 엘리사 위에 머물렀다
하고 가서 그에게로 나아가 땅에 엎드려
그에게 경배하고

16 그에게 이르되 당신의 종들에게 용감
한 사람 오십 명이 있으니 청하건대 그들
이 가서 당신의 주인을 찾게 하소서 염려
하건대 여호와의 성령이 그를 들고 가다
가 어느 산에나 어느 골짜기에 던지셨을
까 하나이다 하니라 엘리사가 이르되 보
내지 말라 하나

17 무리가 그로 부끄러워하도록 강청하
매 보내라 한지라 그들이 오십 명을 보냈
더니 사흘 동안을 찾되 발견하지 못하고

18 엘리사가 여리고에 머무는 중에 무리
가 그에게 돌아오니 엘리사가 그들에게
이르되 내가 가지 말라고 너희에게 이르
지 아니하였느냐 하였더라

엘리사의 기적

19 그 성읍 사람들이 엘리사에게 말하되
우리 주인께서 보시는 바와 같이 이 성읍
의 위치는 좋으나 물이 나쁘므로 토산이
익지 못하고 떨어지나이다

20 엘리사가 이르되 새 그릇에 소금을 담
아 내게로 가져오라 하매 곧 가져온지라

21 엘리사가 물 근원으로 나아가서 소금
을 그 가운데에 던지며 이르되 여호와의

15

16

17

18

엘리사의 기적

19

20

21

말씀이 내가 이 물을 고쳤으니 이로부터
다시는 죽음이나 열매 맺지 못함이 없을
지니라 하셨느니라 하니

22 그 물이 엘리사가 한 말과 같이 고쳐져
서 오늘에 이르렀더라

23 엘리사가 거기서 벧엘로 올라가더니
그가 길에서 올라갈 때에 작은 아이들이
성읍에서 나와 그를 조롱하여 이르되 대
머리여 올라가라 대머리여 올라가라 하
는지라

24 엘리사가 뒤로 돌이켜 그들을 보고 여
호와의 이름으로 저주하매 곧 수풀에서
암곰 둘이 나와서 아이들 중의 사십이 명
을 찢었더라

25 엘리사가 거기서부터 갈멜 산으로 가
고 거기서 사마리아로 돌아왔더라

이스라엘과 모압의 전쟁

3 유다의 여호사밧 왕 열여덟째 해에
아합의 아들 여호람이 사마리아에서
이스라엘을 열두 해 동안 다스리니라

2 그가 여호와 보시기에 악을 행하였으
나 그의 부모와 같이 하지는 아니하였으
니 이는 그가 그의 아버지가 만든 바알의
주상을 없이하였음이라

3 그러나 그가 느밧의 아들 여로보암이
이스라엘에게 범하게 한 그 죄를 따라 행
하고 떠나지 아니하였더라

4 모압 왕 메사는 양을 치는 자라 새끼
양 십만 마리의 털과 숫양 십만 마리의 털
을 이스라엘 왕에게 바치더니

22

23

24

25

이스라엘과 모압의 전쟁

3

2

3

4

5 아합이 죽은 후에 모압 왕이 이스라엘
왕을 배반한지라

6 그 때에 여호람 왕이 사마리아에서 나
가 온 이스라엘을 둘러보고

7 또 가서 유다의 왕 여호사밧에게 사신
을 보내 이르되 모압 왕이 나를 배반하였
으니 당신은 나와 함께 가서 모압을 치시
겠느냐 하니 그가 이르되 내가 올라가리
이다 나는 당신과 같고 내 백성은 당신의
백성과 같고 내 말들도 당신의 말들과 같
으니이다 하는지라

8 여호람이 이르되 우리가 어느 길로 올
라가리이까 하니 그가 대답하되 에돔 광
야 길로니이다 하니라

9 이스라엘 왕과 유다 왕과 에돔 왕이 가
더니 길을 둘러 간 지 칠 일에 군사와 따
라가는 가축을 먹일 물이 없는지라

10 이스라엘 왕이 이르되 슬프다 여호와
께서 이 세 왕을 불러 모아 모압의 손에
넘기려 하시는도다 하니

11 여호사밧이 이르되 우리가 여호와께
물을 만한 여호와의 선지자가 여기 없느
냐 하는지라 이스라엘 왕의 신하들 중의
한 사람이 대답하여 이르되 전에 엘리야
의 손에 물을 붓던 사밧의 아들 엘리사가
여기 있나이다 하니

12 여호사밧이 이르되 여호와의 말씀이
그에게 있도다 하는지라 이에 이스라엘
왕과 여호사밧과 에돔 왕이 그에게로 내
려가니라

5

6

7

8

9

10

11

12

13 엘리사가 이스라엘 왕에게 이르되 내
가 당신과 무슨 상관이 있나이까 당신의
부친의 선지자들과 당신의 모친의 선지
자들에게로 가소서 하니 이스라엘 왕이
그에게 이르되 그렇지 아니하니이다 여
호와께서 이 세 왕을 불러 모아 모압의 손
에 넘기려 하시나이다 하니라

14 엘리사가 이르되 내가 섬기는 만군의
여호와께서 살아 계심을 두고 맹세하노
니 내가 만일 유다의 왕 여호사밧의 얼굴
을 봄이 아니면 그 앞에서 당신을 향하지
도 아니하고 보지도 아니하였으리이다

15 이제 내게로 거문고 탈 자를 불러오소
서 하니라 거문고 타는 자가 거문고를 탈
때에 여호와의 손이 엘리사 위에 있더니

16 그가 이르되 여호와의 말씀이 이 골짜
기에 개천을 많이 파라 하셨나이다

17 여호와께서 이르시기를 너희가 바람
도 보지 못하고 비도 보지 못하되 이 골짜
기에 물이 가득하여 너희와 너희 가축과
짐승이 마시리라 하셨나이다

18 이것은 여호와께서 보시기에 작은 일
이라 여호와께서 모압 사람도 당신의 손
에 넘기시리니

19 당신들이 모든 견고한 성읍과 모든 아
름다운 성읍을 치고 모든 좋은 나무를 베
고 모든 샘을 메우고 돌로 모든 좋은 밭을
헐리이다 하더니

20 아침이 되어 소제 드릴 때에 물이 에돔
쪽에서부터 흘러와 그 땅에 가득하였더라

13

14

15

16

17

18

19

20

21 모압의 모든 사람은 왕들이 올라와서
자기를 치려 한다 함을 듣고 갑옷 입을 만
한 자로부터 그 이상이 다 모여 그 경계에
서 있더라

22 아침에 모압 사람이 일찍이 일어나서
해가 물에 비치므로 맞은편 물이 붉어 피
와 같음을 보고

23 이르되 이는 피라 틀림없이 저 왕들이
싸워 서로 죽인 것이로다 모압 사람들아
이제 노략하러 가자 하고

24 이스라엘 진에 이르니 이스라엘 사람
이 일어나 모압 사람을 쳐서 그들 앞에서
도망하게 하고 그 지경에 들어가며 모압
사람을 치고

25 그 성읍들을 쳐서 헐고 각기 돌을 던져
모든 좋은 밭에 가득하게 하고 모든 샘을
메우고 모든 좋은 나무를 베고 길하레셋
의 돌들은 남기고 물매꾼이 두루 다니며
치니라

26 모압 왕이 전세가 극렬하여 당하기 어
려움을 보고 칼찬 군사 칠백 명을 거느리
고 돌파하여 지나서 에돔 왕에게로 가고
자 하되 가지 못하고

27 이에 자기 왕위를 이어 왕이 될 맏아들
을 데려와 성 위에서 번제를 드린지라 이
스라엘에게 크게 격노함이 임하매 그들
이 떠나 각기 고국으로 돌아갔더라

과부의 기름 그릇

4 선지자의 제자들의 아내 중의 한 여
인이 엘리사에게 부르짖어 이르되 당

21

22

23

24

25

26

27

과부의 기름 그릇

4

신의 종 나의 남편이 이미 죽었는데 당신
의 종이 여호와를 경외한 줄은 당신이 아
시는 바니이다 이제 빚 준 사람이 와서 나
의 두 아이를 데려가 그의 종을 삼고자 하
나이다 하니

2 엘리사가 그에게 이르되 내가 너를 위
하여 어떻게 하랴 네 집에 무엇이 있는지
내게 말하라 그가 이르되 계집종의 집에
기름 한 그릇 외에는 아무것도 없나이다
하니

3 이르되 너는 밖에 나가서 모든 이웃에
게 그릇을 빌리라 빈 그릇을 빌리되 조금
빌리지 말고

4 너는 네 두 아들과 함께 들어가서 문을
닫고 그 모든 그릇에 기름을 부어서 차는
대로 옮겨 놓으라 하니라

5 여인이 물러가서 그의 두 아들과 함께
문을 닫은 후에 그들은 그릇을 그에게로
가져오고 그는 부었더니

6 그릇에 다 찬지라 여인이 아들에게 이
르되 또 그릇을 내게로 가져오라 하니 아
들이 이르되 다른 그릇이 없나이다 하니
기름이 곧 그쳤더라

7 그 여인이 하나님의 사람에게 나아가
서 말하니 그가 이르되 너는 가서 기름을
팔아 빚을 갚고 남은 것으로 너와 네 두
아들이 생활하라 하였더라

엘리사와 수넴 여인

8 하루는 엘리사가 수넴에 이르렀더니
거기에 한 귀한 여인이 그를 간권하여 음

2

3

4

5

6

7

엘리사와 수넴 여인

8

식을 먹게 하였으므로 엘리사가 그 곳을
지날 때마다 음식을 먹으러 그리로 들어
갔더라

9 여인이 그의 남편에게 이르되 항상 우
리를 지나가는 이 사람은 하나님의 거룩
한 사람인 줄을 내가 아노니

10 청하건대 우리가 그를 위하여 작은 방
을 담 위에 만들고 침상과 책상과 의자와
촛대를 두사이다 그가 우리에게 이르면
거기에 머물리이다 하였더라

11 하루는 엘리사가 거기에 이르러 그 방
에 들어가 누웠더니

12 자기 사환 게하시에게 이르되 이 수넴
여인을 불러오라 하니 곧 여인을 부르매
여인이 그 앞에 선지라

13 엘리사가 자기 사환에게 이르되 너는
그에게 이르라 네가 이같이 우리를 위하
여 세심한 배려를 하는도다 내가 너를 위
하여 무엇을 하랴 왕에게나 사령관에게
무슨 구할 것이 있느냐 하니 여인이 이르
되 나는 내 백성 중에 거주하나이다 하니
라

14 엘리사가 이르되 그러면 그를 위하여
무엇을 하여야 할까 하니 게하시가 대답
하되 참으로 이 여인은 아들이 없고 그 남
편은 늙었나이다 하니

15 이르되 다시 부르라 하여 부르매 여인
이 문에 서니라

16 엘리사가 이르되 한 해가 지나 이 때쯤
에 네가 아들을 안으리라 하니 여인이 이

9

10

11

12

13

14

15

16

르되 아니로소이다 내 주 하나님의 사람
이여 당신의 계집종을 속이지 마옵소서
하니라

17 여인이 과연 잉태하여 한 해가 지나 이
때쯤에 엘리사가 여인에게 말한 대로 아
들을 낳았더라

18 그 아이가 자라매 하루는 추수꾼들에
게 나가서 그의 아버지에게 이르렀더니

19 그의 아버지에게 이르되 내 머리야 내
머리야 하는지라 그의 아버지가 사환에
게 말하여 그의 어머니에게로 데려가라
하매

20 곧 어머니에게로 데려갔더니 낮까지
어머니의 무릎에 앉아 있다가 죽은지라

21 그의 어머니가 올라가서 아들을 하나
님의 사람의 침상 위에 두고 문을 닫고 나
와

22 그 남편을 불러 이르되 청하건대 사환
한 명과 나귀 한 마리를 내게로 보내소서
내가 하나님의 사람에게 달려갔다가 돌
아오리이다 하니

23 그 남편이 이르되 초하루도 아니요 안
식일도 아니거늘 그대가 오늘 어찌하여
그에게 나아가고자 하느냐 하는지라 여
인이 이르되 평안을 비나이다 하니라

24 이에 나귀에 안장을 지우고 자기 사환
에게 이르되 몰고 가라 내가 말하지 아니
하거든 나를 위하여 달려가기를 멈추지
말라 하고

25 드디어 갈멜 산으로 가서 하나님의 사

17

18

19

20

21

22

23

24

25

람에게로 나아가니라 하나님의 사람이
멀리서 그를 보고 자기 사환 게하시에게
이르되 저기 수넴 여인이 있도다

26 너는 달려가서 그를 맞아 이르기를 너
는 평안하냐 네 남편이 평안하냐 아이가
평안하냐 하라 하였더니 여인이 대답하
되 평안하다 하고

27 산에 이르러 하나님의 사람에게 나아
가서 그 발을 안은지라 게하시가 가까이
와서 그를 물리치고자 하매 하나님의 사
람이 이르되 가만 두라 그의 영혼이 괴로
워하지마는 여호와께서 내게 숨기시고
이르지 아니하셨도다 하니라

28 여인이 이르되 내가 내 주께 아들을 구
하더이까 나를 속이지 말라고 내가 말하
지 아니하더이까 하니

29 엘리사가 게하시에게 이르되 네 허리
를 묶고 내 지팡이를 손에 들고 가라 사람
을 만나거든 인사하지 말며 사람이 네게
인사할지라도 대답하지 말고 내 지팡이
를 그 아이 얼굴에 놓으라 하는지라

30 아이의 어머니가 이르되 여호와께서
살아 계심과 당신의 영혼이 살아 계심을
두고 맹세하노니 내가 당신을 떠나지 아
니하리이다 엘리사가 이에 일어나 여인
을 따라가니라

31 게하시가 그들보다 앞서 가서 지팡이
를 그 아이의 얼굴에 놓았으나 소리도 없
고 듣지도 아니하는지라 돌아와서 엘리
사를 맞아 그에게 말하여 아이가 깨지 아

니하였나이다 하니라
32 엘리사가 집에 들어가 보니 아이가 죽
었는데 자기의 침상에 눕혔는지라
33 들어가서는 문을 닫으니 두 사람 뿐이
라 엘리사가 여호와께 기도하고
34 아이 위에 올라 엎드려 자기 입을 그의
입에, 자기 눈을 그의 눈에, 자기 손을 그
의 손에 대고 그의 몸에 엎드리니 아이의
살이 차차 따뜻하더라
35 엘리사가 내려서 집 안에서 한 번 이리
저리 다니고 다시 아이 위에 올라 엎드리
니 아이가 일곱 번 재채기 하고 눈을 뜨는
지라
36 엘리사가 게하시를 불러 저 수넴 여인
을 불러오라 하니 곧 부르매 여인이 들어
가니 엘리사가 이르되 네 아들을 데리고
가라 하니라
37 여인이 들어가서 엘리사의 발 앞에서
땅에 엎드려 절하고 아들을 안고 나가니
라

두 가지 기적

38 엘리사가 다시 길갈에 이르니 그 땅에
흉년이 들었는데 선지자의 제자들이 엘
리사의 앞에 앉은지라 엘리사가 자기 사
환에게 이르되 큰 솥을 걸고 선지자의 제
자들을 위하여 국을 끓이라 하매
39 한 사람이 채소를 캐러 들에 나가 들포
도덩굴을 만나 그것에서 들호박을 따서
옷자락에 채워가지고 돌아와 썰어 국 끓
이는 솥에 넣되 그들은 무엇인지 알지 못

32

33

34

35

36

37

두 가지 기적

38

39

한지라

40 이에 퍼다가 무리에게 주어 먹게 하였
더니 무리가 국을 먹다가 그들이 외쳐 이
르되 하나님의 사람이여 솥에 죽음의 독
이 있나이다 하고 능히 먹지 못하는지라

41 엘리사가 이르되 그러면 가루를 가져
오라 하여 솥에 던지고 이르되 퍼다가 무
리에게 주어 먹게 하라 하매 이에 솥 가운
데 독이 없어지니라

42 한 사람이 바알 살리사에서부터 와서
처음 만든 떡 곧 보리떡 이십 개와 또 자
루에 담은 채소를 하나님의 사람에게 드
린지라 그가 이르되 무리에게 주어 먹게
하라

43 그 사환이 이르되 내가 어찌 이것을 백
명에게 주겠나이까 하나 엘리사는 또 이
르되 무리에게 주어 먹게 하라 여호와의
말씀이 그들이 먹고 남으리라 하셨느니
라

44 그가 그들 앞에 주었더니 여호와께서
말씀하신 대로 먹고 남았더라

나아만이 고침을 받다

5 아람 왕의 군대 장관 나아만은 그의
주인 앞에서 크고 존귀한 자니 이는
여호와께서 전에 그에게 아람을 구원하
게 하셨음이라 그는 큰 용사이나 나병환
자더라

2 전에 아람 사람이 떼를 지어 나가서 이
스라엘 땅에서 어린 소녀 하나를 사로잡
으매 그가 나아만의 아내에게 수종들더니

40
41
42
43
44
나아만이 고침을 받다
5
2

3 그의 여주인에게 이르되 우리 주인이
사마리아에 계신 선지자 앞에 계셨으면
좋겠나이다 그가 그 나병을 고치리이다
하는지라

4 나아만이 들어가서 그의 주인께 아뢰
어 이르되 이스라엘 땅에서 온 소녀의 말
이 이러이러하더이다 하니

5 아람 왕이 이르되 갈지어다 이제 내가
이스라엘 왕에게 글을 보내리라 하더라
나아만이 곧 떠날새 은 십 달란트와 금 육
천 개와 의복 열 벌을 가지고 가서

6 이스라엘 왕에게 그 글을 전하니 일렀
으되 내가 내 신하 나아만을 당신에게 보
내오니 이 글이 당신에게 이르거든 당신
은 그의 나병을 고쳐 주소서 하였더라

7 이스라엘 왕이 그 글을 읽고 자기 옷을
찢으며 이르되 내가 사람을 죽이고 살리
는 하나님이냐 그가 어찌하여 사람을 내
게로 보내 그의 나병을 고치라 하느냐 너
희는 깊이 생각하고 저 왕이 틈을 타서 나
와 더불어 시비하려 함인줄 알라 하니라

8 하나님의 사람 엘리사가 이스라엘 왕
이 자기의 옷을 찢었다 함을 듣고 왕에게
보내 이르되 왕이 어찌하여 옷을 찢었나
이까 그 사람을 내게로 오게 하소서 그가
이스라엘 중에 선지자가 있는 줄을 알리
이다 하니라

9 나아만이 이에 말들과 병거들을 거느
리고 이르러 엘리사의 집 문에 서니

10 엘리사가 사자를 그에게 보내 이르되

3

4

5

6

7

8

9

10

너는 가서 요단 강에 몸을 일곱 번 씻으라
네 살이 회복되어 깨끗하리라 하는지라

11 나아만이 노하여 물러가며 이르되 내
생각에는 그가 내게로 나와 서서 그의 하
나님 여호와의 이름을 부르고 그의 손을
그 부위 위에 흔들어 나병을 고칠까 하였
도다

12 다메섹 강 아바나와 바르발은 이스라
엘 모든 강물보다 낫지 아니하냐 내가 거
기서 몸을 씻으면 깨끗하게 되지 아니하
랴 하고 몸을 돌려 분노하여 떠나니

13 그의 종들이 나아와서 말하여 이르되
내 아버지여 선지자가 당신에게 큰 일을
행하라 말하였더면 행하지 아니하였으리
이까 하물며 당신에게 이르기를 씻어 깨
끗하게 하라 함이리이까 하니

14 나아만이 이에 내려가서 하나님의 사
람의 말대로 요단 강에 일곱 번 몸을 잠그
니 그의 살이 어린 아이의 살 같이 회복되
어 깨끗하게 되었더라

15 나아만이 모든 군대와 함께 하나님의
사람에게로 도로 와서 그의 앞에 서서 이
르되 내가 이제 이스라엘 외에는 온 천하
에 신이 없는 줄을 아나이다 청하건대 당
신의 종에게서 예물을 받으소서 하니

16 이르되 내가 섬기는 여호와께서 살아
계심을 두고 맹세하노니 내가 그 앞에서
받지 아니하리라 하였더라 나아만이 받
으라고 강권하되 그가 거절하니라

17 나아만이 이르되 그러면 청하건대 노

11
12
13
14
15
16
17

새 두 마리에 실을 흙을 당신의 종에게 주
소서 이제부터는 종이 번제물과 다른 희
생제사를 여호와 외 다른 신에게는 드리
지 아니하고 다만 여호와께 드리겠나이
다

18 오직 한 가지 일이 있사오니 여호와께
서 당신의 종을 용서하시기를 원하나이
다 곧 내 주인께서 림몬의 신당에 들어가
거기서 경배하며 그가 내 손을 의지하시
매 내가 림몬의 신당에서 몸을 굽히오니
내가 림몬의 신당에서 몸을 굽힐 때에 여
호와께서 이 일에 대하여 당신의 종을 용
서하시기를 원하나이다 하니

19 엘리사가 이르되 너는 평안히 가라 하
니라 그가 엘리사를 떠나 조금 가니라

20 하나님의 사람 엘리사의 사환 게하시
가 스스로 이르되 내 주인이 이 아람 사람
나아만에게 면하여 주고 그가 가지고 온
것을 그의 손에서 받지 아니하였도다 여
호와께서 살아 계심을 두고 맹세하노니
내가 그를 좇아가서 무엇이든지 그에게
서 받으리라 하고

21 나아만의 뒤를 좇아가니 나아만이 자
기 뒤에 달려옴을 보고 수레에서 내려 맞
이하여 이르되 평안이냐 하니

22 그가 이르되 평안하나이다 우리 주인
께서 나를 보내시며 말씀하시기를 지금
선지자의 제자 중에 두 청년이 에브라임
산지에서부터 내게로 왔으니 청하건대
당신은 그들에게 은 한 달란트와 옷 두 벌

18

19

20

21

22

을 주라 하시더이다
23 나아만이 이르되 바라건대 두 달란트
를 받으라 하고 그를 강권하여 은 두 달란
트를 두 전대에 넣어 매고 옷 두 벌을 아
울러 두 사환에게 지우매 그들이 게하시
앞에서 지고 가니라
24 언덕에 이르러서는 게하시가 그 물건
을 두 사환의 손에서 받아 집에 감추고 그
들을 보내 가게 한 후
25 들어가 그의 주인 앞에 서니 엘리사가
이르되 게하시야 네가 어디서 오느냐 하
니 대답하되 당신의 종이 아무데도 가지
아니하였나이다 하니라
26 엘리사가 이르되 한 사람이 수레에서
내려 너를 맞이할 때에 내 마음이 함께 가
지 아니하였느냐 지금이 어찌 은을 받으
며 옷을 받으며 감람원이나 포도원이나
양이나 소나 남종이나 여종을 받을 때이
냐
27 그러므로 나아만의 나병이 네게 들어
네 자손에게 미쳐 영원토록 이르리라 하
니 게하시가 그 앞에서 물러나오매 나병
이 발하여 눈같이 되었더라

쇠도끼를 찾다

6 선지자의 제자들이 엘리사에게 이르
되 보소서 우리가 당신과 함께 거주하
는 이 곳이 우리에게는 좁으니
2 우리가 요단으로 가서 거기서 각각 한
재목을 가져다가 그 곳에 우리가 거주할
처소를 세우사이다 하니 엘리사가 이르

23

24

25

26

27

쇠도끼를 찾다

6

2

되 가라 하는지라

3 그 하나가 이르되 청하건대 당신도 종
들과 함께 하소서 하니 엘리사가 이르되
내가 가리라 하고

4 드디어 그들과 함께 가니라 무리가 요
단에 이르러 나무를 베더니

5 한 사람이 나무를 벨 때에 쇠도끼가 물
에 떨어진지라 이에 외쳐 이르되 아아, 내
주여 이는 빌려온 것이니이다 하니

6 하나님의 사람이 이르되 어디 빠졌느
냐 하매 그 곳을 보이는지라 엘리사가 나
뭇가지를 베어 물에 던져 쇠도끼를 떠오
르게 하고

7 이르되 너는 그것을 집으라 하니 그 사
람이 손을 내밀어 그것을 집으니라

아람 군대를 물리치다

8 그 때에 아람 왕이 이스라엘과 더불어
싸우며 그의 신복들과 의논하여 이르기
를 우리가 아무데 아무데 진을 치리라 하
였더니

9 하나님의 사람이 이스라엘 왕에게 보
내 이르되 왕은 삼가 아무 곳으로 지나가
지 마소서 아람 사람이 그 곳으로 나오나
이다 하는지라

10 이스라엘 왕이 하나님의 사람이 자기
에게 말하여 경계한 곳으로 사람을 보내
방비하기가 한두 번이 아닌지라

11 이러므로 아람 왕의 마음이 불안하여
그 신복들을 불러 이르되 우리 중에 누가
이스라엘 왕과 내통하는 것을 내게 말하

3

4

5

6

7

아람 군대를 물리치다

8

9

10

11

지 아니하느냐 하니
12 그 신복 중의 한 사람이 이르되 우리
주 왕이여 아니로소이다 오직 이스라엘
선지자 엘리사가 왕이 침실에서 하신 말
씀을 이스라엘의 왕에게 고하나이다 하
는지라
13 왕이 이르되 너희는 가서 엘리사가 어
디 있나 보라 내가 사람을 보내어 그를 잡
으리라 왕에게 아뢰어 이르되 보라 그가
도단에 있도다 하나이다
14 왕이 이에 말과 병거와 많은 군사를 보
내매 그들이 밤에 가서 그 성읍을 에워쌌
더라
15 하나님의 사람의 사환이 일찍이 일어
나서 나가보니 군사와 말과 병거가 성읍
을 에워쌌는지라 그의 사환이 엘리사에
게 말하되 아아, 내 주여 우리가 어찌하리
이까 하니
16 대답하되 두려워하지 말라 우리와 함
께 한 자가 그들과 함께 한 자보다 많으니
라 하고
17 기도하여 이르되 여호와여 원하건대
그의 눈을 열어서 보게 하옵소서 하니 여
호와께서 그 청년의 눈을 여시매 그가 보
니 불말과 불병거가 산에 가득하여 엘리
사를 둘렀더라
18 아람 사람이 엘리사에게 내려오매 엘
리사가 여호와께 기도하여 이르되 원하
건대 저 무리의 눈을 어둡게 하옵소서 하
매 엘리사의 말대로 그들의 눈을 어둡게
하신지라

12

13

14

15

16

17

18

19 엘리사가 그들에게 이르되 이는 그 길
이 아니요 이는 그 성읍도 아니니 나를 따
라 오라 내가 너희를 인도하여 너희가 찾
는 사람에게로 나아가리라 하고 그들을
인도하여 사마리아에 이르니라

20 사마리아에 들어갈 때에 엘리사가 이
르되 여호와여 이 무리의 눈을 열어서 보
게 하옵소서 하니 여호와께서 그들의 눈
을 여시매 그들이 보니 자기들이 사마리
아 가운데에 있더라

21 이스라엘 왕이 그들을 보고 엘리사에
게 이르되 내 아버지여 내가 치리이까 내
가 치리이까 하니

22 대답하되 치지 마소서 칼과 활로 사로
잡은 자인들 어찌 치리이까 떡과 물을 그
들 앞에 두어 먹고 마시게 하고 그들의 주
인에게로 돌려보내소서 하는지라

23 왕이 위하여 음식을 많이 베풀고 그들이
먹고 마시매 놓아보내니 그들이 그들의 주
인에게로 돌아가니라 이로부터 아람 군사
의 부대가 다시는 이스라엘 땅에 들어오지
못하니라

에워싸인 사마리아가 굶주리다

24 이 후에 아람 왕 벤하닷이 그의 온 군
대를 모아 올라와서 사마리아를 에워싸
니

25 아람 사람이 사마리아를 에워싸므로
성중이 크게 주려서 나귀 머리 하나에 은
팔십 세겔이요 비둘기 똥 사분의 일 갑에
은 다섯 세겔이라 하니

19
20
21
22
23
에워싸인 사마리아가 굶주리다
24
25

26 이스라엘 왕이 성 위로 지나갈 때에 한
여인이 외쳐 이르되 나의 주 왕이여 도우
소서

27 왕이 이르되 여호와께서 너를 돕지 아
니하시면 내가 무엇으로 너를 도우랴 타
작 마당으로 말미암아 하겠느냐 포도주
틀로 말미암아 하겠느냐 하니라

28 또 이르되 무슨 일이냐 하니 여인이 대
답하되 이 여인이 내게 이르기를 네 아들
을 내놓아라 우리가 오늘 먹고 내일은 내
아들을 먹자 하매

29 우리가 드디어 내 아들을 삶아 먹었더
니 이튿날에 내가 그 여인에게 이르되 네
아들을 내놓아라 우리가 먹으리라 하나
그가 그의 아들을 숨겼나이다 하는지라

30 왕이 그 여인의 말을 듣고 자기 옷을
찢으니라 그가 성 위로 지나갈 때에 백성
이 본즉 그의 속살에 굵은 베를 입었더라

31 왕이 이르되 사밧의 아들 엘리사의 머
리가 오늘 그 몸에 붙어 있으면 하나님이
내게 벌 위에 벌을 내리실지로다 하니라

32 그 때에 엘리사가 그의 집에 앉아 있고
장로들이 그와 함께 앉아 있는데 왕이 자
기 처소에서 사람을 보냈더니 그 사자가
이르기 전에 엘리사가 장로들에게 이르
되 너희는 이 살인한 자의 아들이 내 머리
를 베려고 사람을 보내는 것을 보느냐 너
희는 보다가 사자가 오거든 문을 닫고 문
안에 들이지 말라 그의 주인의 발소리가
그의 뒤에서 나지 아니하느냐 하고

26

27

28

29

30

31

32

33 무리와 말을 할 때에 그 사자가 그에게
이르니라 왕이 이르되 이 재앙이 여호와
께로부터 나왔으니 어찌 더 여호와를 기
다리리요

7 엘리사가 이르되 여호와의 말씀을 들
을지어다 여호와께서 이르시되 내일
이맘때에 사마리아 성문에서 고운 밀가
루 한 스아를 한 세겔로 매매하고 보리 두
스아를 한 세겔로 매매하리라 하셨느니
라

2 그 때에 왕이 그의 손에 의지하는 자
곧 한 장관이 하나님의 사람에게 대답하
여 이르되 여호와께서 하늘에 창을 내신
들 어찌 이런 일이 있으리요 하더라 엘리
사가 이르되 네가 네 눈으로 보리라 그러
나 그것을 먹지는 못하리라 하니라

아람 군대가 도망하다

3 성문 어귀에 나병환자 네 사람이 있더
니 그 친구에게 서로 말하되 우리가 어찌
하여 여기 앉아서 죽기를 기다리랴

4 만일 우리가 성읍으로 가자고 말한다
면 성읍에는 굶주림이 있으니 우리가 거
기서 죽을 것이요 만일 우리가 여기서 머
무르면 역시 우리가 죽을 것이라 그런즉
우리가 가서 아람 군대에게 항복하자 그
들이 우리를 살려 두면 살 것이요 우리를
죽이면 죽을 것이라 하고

5 아람 진으로 가려 하여 해 질 무렵에
일어나 아람 진영 끝에 이르러서 본즉 그
곳에 한 사람도 없으니

33

7

2

아람 군대가 도망하다

3

4

5

6 이는 주께서 아람 군대로 병거 소리와
말 소리와 큰 군대의 소리를 듣게 하셨으
므로 아람 사람이 서로 말하기를 이스라
엘 왕이 우리를 치려 하여 헷 사람의 왕들
과 애굽 왕들에게 값을 주고 그들을 우리
에게 오게 하였다 하고

7 해질 무렵에 일어나서 도망하되 그 장
막과 말과 나귀를 버리고 진영을 그대로
두고 목숨을 위하여 도망하였음이라

8 그 나병환자들이 진영 끝에 이르자 한
장막에 들어가서 먹고 마시고 거기서 은
과 금과 의복을 가지고 가서 감추고 다시
와서 다른 장막에 들어가 거기서도 가지
고 가서 감추니라

9 나병환자들이 그 친구에게 서로 말하
되 우리가 이렇게 해서는 아니되겠도다
오늘은 아름다운 소식이 있는 날이거늘
우리가 침묵하고 있도다 만일 밝은 아침
까지 기다리면 벌이 우리에게 미칠지니
이제 떠나 왕궁에 가서 알리자 하고

10 가서 성읍 문지기를 불러 그들에게 말
하여 이르되 우리가 아람 진에 이르러서
보니 거기에 한 사람도 없고 사람의 소리
도 없고 오직 말과 나귀만 매여 있고 장막
들이 그대로 있더이다 하는지라

11 그가 문지기들을 부르매 그들이 왕궁
에 있는 자에게 말하니

12 왕이 밤에 일어나 그의 신복들에게 이
르되 아람 사람이 우리에게 행한 것을 내
가 너희에게 알게 하노니 그들이 우리가

6

7

8

9

10

11

12

주린 것을 알고 있으므로 그 진영을 떠나
서 들에 매복하고 스스로 이르기를 그들
이 성읍에서 나오거든 우리가 사로잡고
성읍에 들어가겠다 한 것이니라 하니

13 그의 신하 중 한 사람이 대답하여 이르
되 청하건대 아직 성중에 남아 있는 말 다
섯 마리를 취하고 사람을 보내 정탐하게
하소서 그것들이 성중에 남아 있는 이스
라엘 온 무리 곧 멸망한 이스라엘 온 무리
와 같으니이다 하고

14 그들이 병거 둘과 그 말들을 취한지라
왕이 아람 군대 뒤로 보내며 가서 정탐하
라 하였더니

15 그들이 그들의 뒤를 따라 요단에 이른
즉 아람 사람이 급히 도망하느라고 버린
의복과 병기가 길에 가득하였더라 사자
가 돌아와서 왕에게 알리니

16 백성들이 나가서 아람 사람의 진영을
노략한지라 이에 고운 밀가루 한 스아에
한 세겔이 되고 보리 두 스아가 한 세겔이
되니 여호와의 말씀과 같이 되었고

17 왕이 그의 손에 의지하였던 그의 장관
을 세워 성문을 지키게 하였더니 백성이
성문에서 그를 밟으매 하나님의 사람의
말대로 죽었으니 곧 왕이 내려왔을 때에
그가 말한 대로라

18 하나님의 사람이 왕에게 말한 바와 같
으니 이르기를 내일 이맘 때에 사마리아
성문에서 보리 두 스아를 한 세겔로 매매
하고 고운 밀가루 한 스아를 한 세겔로 매

13

14

15

16

17

18

매하리라 한즉
19 그 때에 이 장관이 하나님의 사람에게
대답하여 이르되 여호와께서 하늘에 창
을 내신들 어찌 이 일이 있으랴 하매 대답
하기를 네가 네 눈으로 보리라 그러나 그
것을 먹지는 못하리라 하였더니
20 그의 장관에게 그대로 이루어졌으니
곧 백성이 성문에서 그를 밟으매 죽었더
라

수넴 여인이 돌아오다

8 엘리사가 이전에 아들을 다시 살려
준 여인에게 이르되 너는 일어나서
네 가족과 함께 거주할 만한 곳으로 가서
거주하라 여호와께서 기근을 부르셨으니
그대로 이 땅에 칠 년 동안 임하리라 하니
2 여인이 일어나서 하나님의 사람의 말
대로 행하여 그의 가족과 함께 가서 블레
셋 사람들의 땅에 칠 년을 우거하다가
3 칠 년이 다하매 여인이 블레셋 사람들
의 땅에서 돌아와 자기 집과 전토를 위하
여 호소하려 하여 왕에게 나아갔더라
4 그 때에 왕이 하나님의 사람의 사환 게
하시와 서로 말하며 이르되 너는 엘리사
가 행한 모든 큰 일을 내게 설명하라 하니
5 게하시가 곧 엘리사가 죽은 자를 다시
살린 일을 왕에게 이야기할 때에 그 다시
살린 아이의 어머니가 자기 집과 전토를
위하여 왕에게 호소하는지라 게하시가
이르되 내 주 왕이여 이는 그 여인이요 저
는 그의 아들이니 곧 엘리사가 다시 살린

19
20
수넴 여인이 돌아오다
8
2
3
4
5

자니이다 하니라

6 왕이 그 여인에게 물으매 여인이 설명
한지라 왕이 그를 위하여 한 관리를 임명
하여 이르되 이 여인에게 속한 모든 것과
이 땅에서 떠날 때부터 이제까지 그의 밭
의 소출을 다 돌려 주라 하였더라

엘리사와 아람 왕 벤하닷

7 엘리사가 다메섹에 갔을 때에 아람 왕
벤하닷이 병들었더니 왕에게 들리기를
이르되 하나님의 사람이 여기 이르렀나
이다 하니

8 왕이 하사엘에게 이르되 너는 손에 예
물을 가지고 가서 하나님의 사람을 맞이
하고 내가 이 병에서 살아나겠는지 그를
통하여 여호와께 물으라

9 하사엘이 그를 맞이하러 갈새 다메섹
의 모든 좋은 물품으로 예물을 삼아 가지
고 낙타 사십 마리에 싣고 나아가서 그의
앞에 서서 이르되 당신의 아들 아람 왕 벤
하닷이 나를 당신에게 보내 이르되 나의
이 병이 낫겠나이까 하더이다 하니

10 엘리사가 이르되 너는 가서 그에게 말
하기를 왕이 반드시 나으리라 하라 그러
나 여호와께서 그가 반드시 죽으리라고
내게 알게 하셨느니라 하고

11 하나님의 사람이 그가 부끄러워하기
까지 그의 얼굴을 쏘아보다가 우니

12 하사엘이 이르되 내 주여 어찌하여 우
시나이까 하는지라 대답하되 네가 이스
라엘 자손에게 행할 모든 악을 내가 앎이

6

엘리사와 아람 왕 벤하닷

7

8

9

10

11

12

라 네가 그들의 성에 불을 지르며 장정을
칼로 죽이며 어린 아이를 메치며 아이 밴
부녀를 가르리라 하니

13 하사엘이 이르되 당신의 개 같은 종이
무엇이기에 이런 큰일을 행하오리이까
하더라 엘리사가 대답하되 여호와께서
네가 아람 왕이 될 것을 내게 알게 하셨느
니라 하더라

14 그가 엘리사를 떠나가서 그의 주인에
게 나아가니 왕이 그에게 묻되 엘리사가
네게 무슨 말을 하더냐 하니 대답하되 그
가 내게 이르기를 왕이 반드시 살아나시
리이다 하더이다 하더라

15 그 이튿날에 하사엘이 이불을 물에 적
시어 왕의 얼굴에 덮으매 왕이 죽은지라
그가 대신하여 왕이 되니라

유다 왕 여호람(대하 21:1-20)

16 이스라엘의 왕 아합의 아들 요람 제오
년에 여호사밧이 유다의 왕이었을 때에
유다의 왕 여호사밧의 아들 여호람이 왕
이 되니라

17 여호람이 왕이 될 때에 나이가 삼십이
세라 예루살렘에서 팔 년 동안 통치하니
라

18 그가 이스라엘 왕들의 길을 가서 아합
의 집과 같이 하였으니 이는 아합의 딸이
그의 아내가 되었음이라 그가 여호와 보
시기에 악을 행하였으나

19 여호와께서 그의 종 다윗을 위하여 유
다 멸하기를 즐겨하지 아니하셨으니 이

13

14

15

유다 왕 여호람(대하 21:1-20)

16

17

18

19

는 그와 그의 자손에게 항상 등불을 주겠
다고 말씀하셨음이더라

20 여호람 때에 에돔이 유다의 손에서 배
반하여 자기 위에 왕을 세운 고로

21 여호람이 모든 병거를 거느리고 사일
로 갔더니 밤에 일어나 자기를 에워싼 에
돔 사람과 그 병거의 장관들을 치니 이에
백성이 도망하여 각각 그들의 장막들로
돌아갔더라

22 이와 같이 에돔이 유다의 수하에서 배
반하였더니 오늘까지 그러하였으며 그
때에 립나도 배반하였더라

23 여호람의 남은 사적과 그가 행한 모든
일은 유다 왕 역대지략에 기록되지 아니
하였느냐

24 여호람이 그의 조상들과 함께 자매 그
의 조상들과 함께 다윗 성에 장사되고 그
의 아들 아하시야가 대신하여 왕이 되니
라

20

21

22

23

24

유다 왕 아하시야(대하 22:1-6)

25 이스라엘의 왕 아합의 아들 요람 제십
이년에 유다 왕 여호람의 아들 아하시야
가 왕이 되니

26 아하시야가 왕이 될 때에 나이가 이십
이 세라 예루살렘에서 일 년을 통치하니
라 그의 어머니의 이름은 아달랴라 이스
라엘 왕 오므리의 손녀이더라

27 아하시야가 아합의 집 길로 행하여 아
합의 집과 같이 여호와 보시기에 악을 행
하였으니 그는 아합의 집의 사위가 되었

유다 왕 아하시야(대하 22:1-6)

25

26

27

음이러라

28 그가 아합의 아들 요람과 함께 길르앗
라못으로 가서 아람 왕 하사엘과 더불어
싸우더니 아람 사람들이 요람에게 부상
을 입힌지라

29 요람 왕이 아람 왕 하사엘과 싸울 때에
라마에서 아람 사람에게 당한 부상을 치
료하려 하여 이스르엘로 돌아왔더라 유
다의 왕 여호람의 아들 아하시야가 아합
의 아들 요람을 보기 위하여 내려갔으니
이는 그에게 병이 생겼음이더라

예후가 이스라엘 왕이 되다

9 선지자 엘리사가 선지자의 제자 중 하
나를 불러 이르되 너는 허리를 동이고
이 기름병을 손에 가지고 길르앗 라못으
로 가라

2 거기에 이르거든 님시의 손자 여호사
밧의 아들 예후를 찾아 들어가서 그의 형
제 중에서 일어나게 하고 그를 데리고 골
방으로 들어가

3 기름병을 가지고 그의 머리에 부으며
이르기를 여호와의 말씀이 내가 네게 기
름을 부어 이스라엘 왕으로 삼노라 하셨
느니라 하고 곧 문을 열고 도망하되 지체
하지 말지니라 하니

4 그 청년 곧 그 선지자의 청년이 길르앗
라못으로 가니라

5 그가 이르러 보니 군대 장관들이 앉아
있는지라 소년이 이르되 장관이여 내가
당신에게 할 말이 있나이다 예후가 이르

28

29

예후가 이스라엘 왕이 되다

9

2

3

4

5

되 우리 모든 사람 중에 누구에게 하려느
냐 하니 이르되 장관이여 당신에게니이
다 하는지라

6 예후가 일어나 집으로 들어가니 청년
이 그의 머리에 기름을 부으며 그에게 이
르되 이스라엘 하나님 여호와의 말씀이
내가 네게 기름을 부어 여호와의 백성 곧
이스라엘의 왕으로 삼노니

7 너는 네 주 아합의 집을 치라 내가 나
의 종 곧 선지자들의 피와 여호와의 종들
의 피를 이세벨에게 갚아 주리라

8 아합의 온 집이 멸망하리니 이스라엘
중에 매인자나 놓인 자나 아합에게 속한
모든 남자는 내가 다 멸절하되

9 아합의 집을 느밧의 아들 여로보암의
집과 같게 하며 또 아히야의 아들 바아사
의 집과 같게 할지라

10 이스르엘 지방에서 개들이 이세벨을
먹으리니 그를 장사할 사람이 없으리라
하셨느니라 하고 곧 문을 열고 도망하니
라

11 예후가 나와서 그의 주인의 신복들에
게 이르니 한 사람이 그에게 묻되 평안하
냐 그 미친 자가 무슨 까닭으로 그대에게
왔더냐 대답하되 그대들이 그 사람과 그
가 말한 것을 알리라 하더라

12 무리가 이르되 당치 아니한 말이라 청
하건대 그대는 우리에게 이르라 하니 대
답하되 그가 이리 이리 내게 말하여 이르
기를 여호와의 말씀이 내가 네게 기름을

6

7

8

9

10

11

12

부어 이스라엘 왕으로 삼는다 하셨다 하
더라 하는지라
13 무리가 각각 자기의 옷을 급히 가져다
가 섬돌 위 곧 예후의 밑에 깔고 나팔을
불며 이르되 예후는 왕이라 하니라

이스라엘 왕 요람이 살해되다

14 이에 님시의 손자 여호사밧의 아들 예
후가 요람을 배반하였으니 곧 요람이 온
이스라엘과 더불어 아람의 왕 하사엘과
맞서서 길르앗 라못을 지키다가
15 아람의 왕 하사엘과 더불어 싸울 때에
아람 사람에게 부상한 것을 치료하려 하
여 이스르엘로 돌아왔던 때라 예후가 이
르되 너희 뜻에 합당하거든 한 사람이라
도 이 성에서 도망하여 이스르엘에 알리
러 가지 못하게 하라 하니라
16 예후가 병거를 타고 이스르엘로 가니
요람 왕이 거기에 누워 있었음이라 유다
의 왕 아하시야는 요람을 보러 내려왔더
라
17 이스르엘 망대에 파수꾼 하나가 서 있
더니 예후의 무리가 오는 것을 보고 이르
되 내가 한 무리를 보나이다 하니 요람이
이르되 한 사람을 말에 태워 보내어 맞이
하여 평안하냐 묻게 하라 하는지라
18 한 사람이 말을 타고 가서 만나 이르되
왕의 말씀이 평안하냐 하시더이다 하매
예후가 이르되 평안이 네게 상관이 있느
냐 내 뒤로 물러나라 하니라 파수꾼이 전
하여 이르되 사자가 그들에게 갔으나 돌

13

이스라엘 왕 요람이 살해되다

14

15

16

17

18

아오지 아니하나이다 하는지라

19 다시 한 사람을 말에 태워 보내었더니
그들에게 가서 이르되 왕의 말씀이 평안
하냐 하시더이다 하매 예후가 이르되 평
안이 네게 상관이 있느냐 내 뒤를 따르라
하더라

20 파수꾼이 또 전하여 이르되 그도 그들
에게까지 갔으나 돌아오지 아니하고 그
병거 모는 것이 님시의 손자 예후가 모는
것 같이 미치게 모나이다 하니

21 요람이 이르되 메우라 하매 그의 병거
를 메운지라 이스라엘 왕 요람과 유다 왕
아하시야가 각각 그의 병거를 타고 가서
예후를 맞을새 이스르엘 사람 나봇의 토
지에서 만나매

22 요람이 예후를 보고 이르되 예후야 평
안하냐 하니 대답하되 네 어머니 이세벨
의 음행과 술수가 이렇게 많으니 어찌 평
안이 있으랴 하더라

23 요람이 곧 손을 돌이켜 도망하며 아하
시야에게 이르되 아하시야여 반역이로다
하니

24 예후가 힘을 다하여 활을 당겨 요람의
두 팔 사이를 쏘니 화살이 그의 염통을 꿰
뚫고 나오매 그가 병거 가운데에 엎드러
진지라

25 예후가 그의 장관 빗갈에게 이르되 그
시체를 가져다가 이스르엘 사람 나봇의
밭에 던지라 네가 기억하려니와 이전에
너와 내가 함께 타고 그의 아버지 아합을

19

20

21

22

23

24

25

좇았을 때에 여호와께서 이같이 그의 일
을 예언하셨느니라
26 여호와께서 말씀하시기를 내가 어제
나봇의 피와 그의 아들들의 피를 분명히
보았노라 여호와께서 또 말씀하시기를
이 토지에서 네게 갚으리라 하셨으니 그
런즉 여호와의 말씀대로 그의 시체를 가
져다가 이 밭에 던질지니라 하는지라

유다 왕 아하시야가 살해되다

27 유다의 왕 아하시야가 이를 보고 정원
의 정자 길로 도망하니 예후가 그 뒤를 좇
아가며 이르되 그도 병거 가운데서 죽이
라 하매 이블르암 가까운 구르 비탈에서
치니 그가 므깃도까지 도망하여 거기서
죽은지라
28 그의 신복들이 그를 병거에 싣고 예루
살렘에 이르러 다윗 성에서 그들의 조상
들과 함께 그의 묘실에 장사하니라
29 아합의 아들 요람의 제십일년에 아하
시야가 유다 왕이 되었었더라

이세벨 왕후가 살해되다

30 예후가 이스르엘에 오니 이세벨이 듣
고 눈을 그리고 머리를 꾸미고 창에서 바
라보다가
31 예후가 문에 들어오매 이르되 주인을
죽인 너 시므리여 평안하냐 하니
32 예후가 얼굴을 들어 창을 향하고 이르
되 내 편이 될 자가 누구냐 누구냐 하니
두어 내시가 예후를 내다보는지라
33 이르되 그를 내려던지라 하니 내려던

26
유다 왕 아하시야가 살해되다
27
28
29
이세벨 왕후가 살해되다
30
31
32
33

지매 그의 피가 담과 말에게 튀더라 예후
가 그의 시체를 밟으니라

34 예후가 들어가서 먹고 마시고 이르되
가서 이 저주 받은 여자를 찾아 장사하라
그는 왕의 딸이니라 하매

35 가서 장사하려 한즉 그 두골과 발과 그
의 손 외에는 찾지 못한지라

36 돌아와서 전하니 예후가 이르되 이는
여호와께서 그 종 디셉 사람 엘리야를 통
하여 말씀하신 바라 이르시기를 이스르
엘 토지에서 개들이 이세벨의 살을 먹을
지라

37 그 시체가 이스르엘 토지에서 거름같
이 밭에 있으리니 이것이 이세벨이라고
가리켜 말하지 못하게 되리라 하셨느니
라 하였더라

아합의 아들들이 살해되다

10 아합의 아들 칠십 명이 사마리아
에 있는지라 예후가 편지들을 써
서 사마리아에 보내서 이스르엘 귀족들
곧 장로들과 아합의 여러 아들을 교육하
는 자들에게 전하니 일렀으되

2 너희 주의 아들들이 너희와 함께 있고
또 병거와 말과 견고한 성과 무기가 너희
에게 있으니 이 편지가 너희에게 이르거
든

3 너희 주의 아들들 중에서 가장 어질고
정직한 자를 택하여 그의 아버지의 왕좌
에 두고 너희 주의 집을 위하여 싸우라 하
였더라

34

35

36

37

아합의 아들들이 살해되다

10

2

3

4 그들이 심히 두려워하여 이르되 두 왕
이 그를 당하지 못하였거든 우리가 어찌
당하리요 하고

5 그 왕궁을 책임지는 자와 그 성읍을 책
임지는 자와 장로들과 왕자를 교육하는
자들이 예후에게 말을 전하여 이르되 우
리는 당신의 종이라 당신이 말하는 모든
것을 우리가 행하고 어떤 사람이든지 왕
으로 세우지 아니하리니 당신이 보기에
좋은 대로 행하라 한지라

6 예후가 다시 그들에게 편지를 부치니
일렀으되 만일 너희가 내 편이 되어 내
말을 너희가 들으려거든 너희 주의 아들
된 사람들의 머리를 가지고 내일 이맘때
에 이스르엘에 이르러 내게 나아오라 하
였더라 왕자 칠십 명이 그 성읍의 귀족들,
곧 그들을 양육하는 자들과 함께 있는 중
에

7 편지가 그들에게 이르매 그들이 왕자
칠십 명을 붙잡아 죽이고 그들의 머리를
광주리에 담아 이스르엘 예후에게로 보
내니라

8 사자가 와서 예후에게 전하여 이르되
그 무리가 왕자들의 머리를 가지고 왔나
이다 이르되 두 무더기로 쌓아 내일 아침
까지 문 어귀에 두라 하고

9 이튿날 아침에 그가 나가 서서 뭇 백성
에게 이르되 너희는 의롭도다 나는 내 주
를 배반하여 죽였거니와 이 여러 사람을
죽인 자는 누구냐

10 그런즉 이제 너희는 알라 곧 여호와께
서 아합의 집에 대하여 하신 말씀은 하나
도 땅에 떨어지지 아니하리라 여호와께
서 그의 종 엘리야를 통하여 하신 말씀을
이제 이루셨도다 하니라

11 예후가 아합의 집에 속한 이스르엘에
남아 있는 자를 다 죽이고 또 그의 귀족들
과 신뢰 받는 자들과 제사장들을 죽이되
그에게 속한 자를 하나도 생존자를 남기
지 아니하였더라

아하시야 왕의 형제들이 살해되다

12 예후가 일어나서 사마리아로 가더니
도중에 목자가 양털 깎는 집에 이르러

13 예후가 유다의 왕 아하시야의 형제들
을 만나 묻되 너희는 누구냐 하니 대답하
되 우리는 아하시야의 형제라 이제 왕자
들과 태후의 아들들에게 문안하러 내려
가노라 하는지라

14 이르되 사로잡으라 하매 곧 사로잡아
목자가 양털 깎는 집 웅덩이 곁에서 죽이
니 사십이 명이 하나도 남지 아니하였더
라

아합의 나머지 사람들이 살해되다

15 예후가 거기에서 떠나가다가 자기를
맞이하러 오는 레갑의 아들 여호나답을
만난지라 그의 안부를 묻고 그에게 이르
되 내 마음이 네 마음을 향하여 진실함과
같이 네 마음도 진실하냐 하니 여호나답
이 대답하되 그러하니이다 이르되 그러
면 나와 손을 잡자 손을 잡으니 예후가 끌

10

11

아하시야 왕의 형제들이 살해되다

12

13

14

아합의 나머지 사람들이 살해되다

15

어 병거에 올리며
16 이르되 나와 함께 가서 여호와를 위한
나의 열심을 보라 하고 이에 자기 병거에
태우고
17 사마리아에 이르러 거기에 남아 있는
바 아합에게 속한 자들을 죽여 진멸하였
으니 여호와께서 엘리야에게 이르신 말
씀과 같이 되었더라

바알을 섬기는 자들이 살해되다

18 예후가 뭇 백성을 모으고 그들에게 이
르되 아합은 바알을 조금 섬겼으나 예후
는 많이 섬기리라
19 그러므로 내가 이제 큰 제사를 바알에
게 드리고자 하노니 바알의 모든 선지자
와 모든 섬기는 자와 모든 제사장들을 한
사람도 빠뜨리지 말고 불러 내게로 나아
오게 하라 모든 오지 아니하는 자는 살려
두지 아니하리라 하니 이는 예후가 바알
섬기는 자를 멸하려 하여 계책을 씀이라
20 예후가 바알을 위하는 대회를 거룩히
열라 하매 드디어 공포되었더라
21 예후가 온 이스라엘에 사람을 두루 보
냈더니 바알을 섬기는 모든 사람이 하나
도 빠진 자가 없이 다 이르렀고 무리가 바
알의 신당에 들어가매 바알의 신당 이쪽
부터 저쪽까지 가득하였더라
22 예후가 예복 맡은 자에게 이르되 예복
을 내다가 바알을 섬기는 모든 자에게 주
라 하매 그들에게로 예복을 가져온지라
23 예후가 레갑의 아들 여호나답과 더불

16

17

바알을 섬기는 자들이 살해되다

18

19

20

21

22

23

어 바알의 신당에 들어가서 바알을 섬기
는 자들에게 이르되 너희는 살펴보아 바
알을 섬기는 자들만 여기 있게 하고 여호
와의 종은 하나도 여기 너희 중에 있지 못
하게 하라 하고

24 무리가 번제와 다른 제사를 드리려고
들어간 때에 예후가 팔십 명을 밖에 두며
이르되 내가 너희 손에 넘겨 주는 사람을
한 사람이라도 도망하게 하는 자는 자기
의 생명으로 그 사람의 생명을 대신하리
라 하니라

25 번제 드리기를 다하매 예후가 호위병
과 지휘관들에게 이르되 들어가서 한 사
람도 나가지 못하게 하고 죽이라 하매 호
위병과 지휘관들이 칼로 그들을 죽여 밖
에 던지고

26 바알의 신당 있는 성으로 가서 바알의
신당에서 목상들을 가져다가 불사르고

27 바알의 목상을 헐며 바알의 신당을 헐
어서 변소를 만들었더니 오늘까지 이르
니라

28 예후가 이와 같이 이스라엘 중에서 바
알을 멸하였으나

29 이스라엘에게 범죄하게 한 느밧의 아
들 여로보암의 죄 곧 벧엘과 단에 있는 금
송아지를 섬기는 죄에서는 떠나지 아니
하였더라

30 여호와께서 예후에게 이르시되 네가
나보기에 정직한 일을 행하되 잘 행하여
내 마음에 있는 대로 아합 집에 다 행하였

24

25

26

27

28

29

30

은즉 네 자손이 이스라엘 왕위를 이어 사
대를 지내리라 하시니라

31 그러나 예후가 전심으로 이스라엘 하
나님 여호와의 율법을 지켜 행하지 아니
하며 여로보암이 이스라엘에게 범하게
한 그 죄에서 떠나지 아니하였더라

예후가 죽다

32 이 때에 여호와께서 이스라엘에서 땅
을 잘라 내기 시작하시매 하사엘이 이스
라엘의 모든 영토에서 공격하되

33 요단 동쪽 길르앗 온 땅 곧 갓 사람과
르우벤 사람과 므낫세 사람의 땅 아르논
골짜기에 있는 아로엘에서부터 길르앗과
바산까지 하였더라

34 예후의 남은 사적과 행한 모든 일과 업
적은 이스라엘 왕 역대지략에 기록되지
아니하였느냐

35 예후가 그의 조상들과 함께 자매 사마
리아에 장사되고 그의 아들 여호아하스
가 그를 대신하여 왕이 되니라

36 예후가 사마리아에서 이스라엘을 다
스린 햇수는 스물여덟 해이더라

유다 여왕 아달랴(대하 22:10-23:15)

11 아하시야의 어머니 아달랴가 그의
아들이 죽은 것을 보고 일어나 왕의
자손을 모두 멸절하였으나

2 요람 왕의 딸 아하시야의 누이 여호세
바가 아하시야의 아들 요아스를 왕자들
이 죽임을 당하는 중에서 빼내어 그와 그
의 유모를 침실에 숨겨 아달랴를 피하여

31
예후가 죽다
32
33
34
35
36
유다 여왕 아달랴(대하 22:10-23:15)
11
2

죽임을 당하지 아니하게 한지라

3 요아스가 그와 함께 여호와의 성전에 3
육 년을 숨어 있는 동안에 아달랴가 나라
를 다스렸더라

4 일곱째 해에 여호야다가 사람을 보내 4
가리 사람의 백부장들과 호위병의 백부
장들을 불러 데리고 여호와의 성전으로
들어가서 그들과 언약을 맺고 그들에게
여호와의 성전에서 맹세하게 한 후에 왕
자를 그들에게 보이고

5 명령하여 이르되 너희가 행할 것이 이 5
러하니 안식일에 들어온 너희 중 삼분의
일은 왕궁을 주의하여 지키고

6 삼분의 일은 수르 문에 있고 삼분의 일 6
은 호위대 뒤에 있는 문에 있어서 이와 같
이 왕궁을 주의하여 지키고

7 안식일에 나가는 너희 중 두 대는 여호 7
와의 성전을 주의하여 지켜 왕을 호위하
되

8 너희는 각각 손에 무기를 잡고 왕을 호 8
위하며 너희 대열을 침범하는 모든 자는
죽이고 왕이 출입할 때에 시위할지니라
하니

9 백부장들이 이에 제사장 여호야다의 9
모든 명령대로 행하여 각기 관할하는 바
안식일에 들어오는 자와 안식일에 나가
는 자를 거느리고 제사장 여호야다에게
나아오매

10 제사장이 여호와의 성전에 있는 다윗 10
왕의 창과 방패를 백부장들에게 주니

11 호위병이 각각 손에 무기를 잡고 왕을
호위하되 성전 오른쪽에서부터 왼쪽까지
제단과 성전 곁에 서고
12 여호야다가 왕자를 인도하여 내어 왕
관을 씌우며 율법책을 주고 기름을 부어
왕으로 삼으매 무리가 박수하며 왕의 만
세를 부르니라
13 아달랴가 호위병과 백성의 소리를 듣
고 여호와의 성전에 들어가 백성에게 이
르러
14 보매 왕이 규례대로 단 위에 섰고 장관
들과 나팔수가 왕의 곁에 모셔 섰으며 온
백성이 즐거워하여 나팔을 부는지라 아
달랴가 옷을 찢으며 외치되 반역이로다
반역이로다 하매
15 제사장 여호야다가 군대를 거느린 백
부장들에게 명령하여 이르되 그를 대열
밖으로 몰아내라 그를 따르는 자는 모두
칼로 죽이라 하니 제사장의 이 말은 여호
와의 성전에서는 그를 죽이지 말라 함이
라
16 이에 그의 길을 열어 주매 그가 왕궁의
말이 다니는 길로 가다가 거기서 죽임을
당하였더라

여호야다의 개혁(대하 23:16-21)

17 여호야다가 왕과 백성에게 여호와와
언약을 맺어 여호와의 백성이 되게 하고
왕과 백성 사이에도 언약을 세우게 하매
18 온 백성이 바알의 신당으로 가서 그 신
당을 허물고 그 제단들과 우상들을 철저

11

12

13

14

15

16

여호야다의 개혁(대하 23:16-21)

17

18

히 깨뜨리고 그 제단 앞에서 바알의 제사
장 맛단을 죽이니라 제사장이 관리들을
세워 여호와의 성전을 수직하게 하고

19 또 백부장들과 가리 사람과 호위병과
온 백성을 거느리고 왕을 인도하여 여호
와의 성전에서 내려와 호위병의 문 길을
통하여 왕궁에 이르매 그가 왕의 왕좌에
앉으니

20 온 백성이 즐거워하고 온 성이 평온하
더라 아달랴를 무리가 왕궁에서 칼로 죽
였더라

21 요아스가 왕이 될 때에 나이가 칠 세였
더라

유다 왕 요아스(대하 24:1-16)

12 예후의 제칠년에 요아스가 왕이 되
어 예루살렘에서 사십 년간 통치하
니라 그의 어머니의 이름은 시비아라 브
엘세바 사람이더라

2 요아스는 제사장 여호야다가 그를 교
훈하는 모든 날 동안에는 여호와 보시기
에 정직히 행하였으되

3 다만 산당들을 제거하지 아니하였으
므로 백성이 여전히 산당에서 제사하며
분향하였더라

4 요아스가 제사장들에게 이르되 여호
와의 성전에 거룩하게 하여 드리는 모든
은 곧 사람이 통용하는 은이나 각 사람의
몸값으로 드리는 은이나 자원하여 여호
와의 성전에 드리는 모든 은을

5 제사장들이 각각 아는 자에게서 받아

19
20
21
유다 왕 요아스(대하 24:1-16)
12
2
3
4
5

들여 성전의 어느 곳이든지 파손된 것을
보거든 그것으로 수리하라 하였으나
6 요아스 왕 제이십삼년에 이르도록 제
사장들이 성전의 파손한 데를 수리하지
아니하였는지라
7 요아스 왕이 대제사장 여호야다와 제
사장들을 불러 이르되 너희가 어찌하여
성전의 파손한 데를 수리하지 아니하였
느냐 이제부터는 너희가 아는 사람에게
서 은을 받지 말고 그들이 성전의 파손한
데를 위하여 드리게 하라
8 제사장들이 다시는 백성에게 은을 받
지도 아니하고 성전 파손한 것을 수리하
지도 아니하기로 동의하니라
9 제사장 여호야다가 한 궤를 가져다가
그것의 뚜껑에 구멍을 뚫어 여호와의 전
문 어귀 오른쪽 곧 제단 옆에 두매 여호와
의 성전에 가져 오는 모든 은을 다 문을
지키는 제사장들이 그 궤에 넣더라
10 이에 그 궤 가운데 은이 많은 것을 보
면 왕의 서기와 대제사장이 올라와서 여
호와의 성전에 있는 대로 그 은을 계산하
여 봉하고
11 그 달아본 은을 일하는 자 곧 여호와의
성전을 맡은 자의 손에 넘기면 그들은 또
여호와의 성전을 수리하는 목수와 건축
하는 자들에게 주고
12 또 미장이와 석수에게 주고 또 여호와
의 성전 파손한 데를 수리할 재목과 다듬
은 돌을 사게 하며 그 성전을 수리할 모든

6

7

8

9

10

11

12

물건을 위하여 쓰게 하였으되
13 여호와의 성전에 드린 그 은으로 그 성
전의 은 대접이나 불집게나 주발이나 나
팔이나 아무 금 그릇이나 은 그릇도 만들
지 아니하고
14 그 은을 일하는 자에게 주어 그것으로
여호와의 성전을 수리하게 하였으며
15 또 그 은을 받아 일꾼에게 주는 사람들
과 회계하지 아니하였으니 이는 그들이
성실히 일을 하였음이라
16 속건제의 은과 속죄제의 은은 여호와
의 성전에 드리지 아니하고 제사장에게
돌렸더라
17 그 때에 아람 왕 하사엘이 올라와서 가
드를 쳐서 점령하고 예루살렘을 향하여
올라오고자 하므로
18 유다의 왕 요아스가 그의 조상들 유다
왕 여호사밧과 여호람과 아하시야가 구
별하여 드린 모든 성물과 자기가 구별하
여 드린 성물과 여호와의 성전 곳간과 왕
궁에 있는 금을 다 가져다가 아람 왕 하사
엘에게 보냈더니 하사엘이 예루살렘에서
떠나갔더라
19 요아스의 남은 사적과 그가 행한 모든
일은 유다 왕 역대지략에 기록되지 아니
하였느냐
20 요아스의 신복들이 일어나 반역하여
실라로 내려가는 길 가의 밀로 궁에서 그
를 죽였고
21 그를 쳐서 죽인 신복은 시므앗의 아들

13

14

15

16

17

18

19

20

21

요사갈과 소멜의 아들 여호사바드였더라
그는 다윗 성에 그의 조상들과 함께 장사
되고 그의 아들 아마샤가 그를 대신하여
왕이 되니라

이스라엘 왕 여호아하스

13 유다의 왕 아하시야의 아들 요아스
의 제이십삼 년에 예후의 아들 여
호아하스가 사마리아에서 이스라엘 왕이
되어 십칠 년간 다스리며

2 여호와 보시기에 악을 행하여 이스라
엘에게 범죄하게 한 느밧의 아들 여로보
암의 죄를 따라가고 거기서 떠나지 아니
하였으므로

3 여호와께서 이스라엘에게 노하사 늘
아람 왕 하사엘의 손과 그의 아들 벤하닷
의 손에 넘기셨더니

4 아람 왕이 이스라엘을 학대하므로 여
호아하스가 여호와께 간구하매 여호와께
서 들으셨으니 이는 그들이 학대받음을
보셨음이라

5 여호와께서 이에 구원자를 이스라엘
에게 주시매 이스라엘 자손이 아람 사람
의 손에서 벗어나 전과 같이 자기 장막에
거하였으나

6 그들이 이스라엘에게 범죄하게 한 여
로보암 집의 죄에서 떠나지 아니하고 그
안에서 따라 행하며 또 사마리아에 아세
라 목상을 그냥 두었더라

7 아람 왕이 여호아하스의 백성을 멸절
하여 타작 마당의 티끌 같이 되게 하고 마

이스라엘 왕 여호아하스

13

2

3

4

5

6

7

병 오십 명과 병거 열 대와 보병 만 명 외
에는 여호아하스에게 남겨 두지 아니하
였더라
8 여호아하스의 남은 사적과 행한 모든
일과 그의 업적은 이스라엘 왕 역대지략
에 기록되지 아니하였느냐
9 여호아하스가 그의 조상들과 함께 자
매 사마리아에 장사되고 그 아들 요아스
가 대신하여 왕이 되니라

이스라엘 왕 요아스

10 유다의 왕 요아스의 제삼십칠 년에 여
호아하스의 아들 요아스가 사마리아에서
이스라엘 왕이 되어 십육 년간 다스리며
11 여호와께서 보시기에 악을 행하여 이
스라엘에게 범죄하게 한 느밧의 아들 여
로보암의 모든 죄에서 떠나지 아니하고
그 가운데 행하였더라
12 요아스의 남은 사적과 행한 모든 일과
유다 왕 아마샤와 싸운 그의 업적은 이스
라엘 왕 역대지략에 기록되지 아니하였
느냐
13 요아스가 그의 조상들과 함께 자매 이
스라엘 왕들과 함께 사마리아에 장사되
고 여로보암이 그 자리에 앉으니라

엘리사가 죽다

14 엘리사가 죽을 병이 들매 이스라엘의
왕 요아스가 그에게로 내려와 자기의 얼
굴에 눈물을 흘리며 이르되 내 아버지여
내 아버지여 이스라엘의 병거와 마병이
여 하매

8

9

이스라엘 왕 요아스

10

11

12

13

엘리사가 죽다

14

15 엘리사가 그에게 이르되 활과 화살들
을 가져오소서 하는지라 활과 화살들을
그에게 가져오매

16 또 이스라엘 왕에게 이르되 왕의 손으
로 활을 잡으소서 하매 그가 손으로 잡으
니 엘리사가 자기 손을 왕의 손 위에 얹고

17 이르되 동쪽 창을 여소서 하여 곧 열매
엘리사가 이르되 쏘소서 하는지라 곧 쏘
매 엘리사가 이르되 이는 여호와를 위한
구원의 화살 곧 아람에 대한 구원의 화살
이니 왕이 아람 사람을 멸절하도록 아벡
에서 치리이다 하니라

18 또 이르되 화살들을 집으소서 곧 집으
매 엘리사가 또 이스라엘 왕에게 이르되
땅을 치소서 하는지라 이에 세 번 치고 그
친지라

19 하나님의 사람이 노하여 이르되 왕이
대여섯 번을 칠 것이니이다 그리하였더
면 왕이 아람을 진멸하기까지 쳤으리이
다 그런즉 이제는 왕이 아람을 세 번만 치
리이다 하니라

20 엘리사가 죽으니 그를 장사하였고 해
가 바뀌매 모압 도적 떼들이 그 땅에 온지
라

21 마침 사람을 장사하는 자들이 그 도적
떼를 보고 그의 시체를 엘리사의 묘실에
들이던지매 시체가 엘리사의 뼈에 닿자
곧 회생하여 일어섰더라

이스라엘과 아람의 전쟁

22 여호아하스 왕의 시대에 아람 왕 하사

15

16

17

18

19

20

21

이스라엘과 아람의 전쟁

22

엘이 항상 이스라엘을 학대하였으나
23 여호와께서 아브라함과 이삭과 야곱
과 더불어 세우신 언약 때문에 이스라엘
에게 은혜를 베풀며 그들을 불쌍히 여기
시며 돌보사 멸하기를 즐겨하지 아니하
시고 이 때까지 자기 앞에서 쫓아내지 아
니하셨더라
24 아람의 왕 하사엘이 죽고 그의 아들 벤
하닷이 대신하여 왕이 되매
25 여호아하스의 아들 요아스가 하사엘
의 아들 벤하닷의 손에서 성읍을 다시 빼
앗으니 이 성읍들은 자기 부친 여호아하
스가 전쟁 중에 빼앗겼던 것이라 요아스
가 벤하닷을 세 번 쳐서 무찌르고 이스라
엘 성읍들을 회복하였더라

유다 왕 아마샤(대하 25:1-24)

14 이스라엘의 왕 여호아하스의 아들
요아스 제이년에 유다의 왕 요아
스의 아들 아마샤가 왕이 되니
2 그가 왕이 된 때에 나이 이십오 세라
예루살렘에서 이십구 년간 다스리니라
그의 어머니의 이름은 여호앗단이요 예
루살렘 사람이더라
3 아마샤가 여호와 보시기에 정직히 행
하였으나 그의 조상 다윗과는 같지 아니
하였으며 그의 아버지 요아스가 행한 대
로 다 행하였어도
4 오직 산당들을 제거하지 아니하였으
므로 백성이 여전히 산당에서 제사를 드
리며 분향하였더라

23

24

25

유다 왕 아마샤(대하 25:1-24)

14

2

3

4

5 나라가 그의 손에 굳게 서매 그의 부왕
을 죽인 신복들을 죽였으나

6 왕을 죽인 자의 자녀들은 죽이지 아니
하였으니 이는 모세의 율법책에 기록된
대로 함이라 곧 여호와께서 명령하여 이
르시기를 자녀로 말미암아 아버지를 죽
이지 말 것이요 아버지로 말미암아 자녀
를 죽이지 말 것이라 오직 사람마다 자기
의 죄로 말미암아 죽을 것이니라 하셨더
라

7 아마샤가 소금 골짜기에서 에돔 사람
만 명을 죽이고 또 전쟁을 하여 셀라를 취
하고 이름을 욕드엘이라 하였더니 오늘
까지 그러하니라

8 아마샤가 예후의 손자 여호아하스의
아들 이스라엘의 왕 요아스에게 사자를
보내 이르되 오라 우리가 서로 대면하자
한지라

9 이스라엘의 왕 요아스가 유다의 왕 아
마샤에게 사람을 보내 이르되 레바논 가
시나무가 레바논 백향목에게 전갈을 보
내어 이르기를 네 딸을 내 아들에게 주어
아내로 삼게 하라 하였더니 레바논 들짐
승이 지나가다가 그 가시나무를 짓밟았
느니라

10 네가 에돔을 쳐서 파하였으므로 마음
이 교만하였으니 스스로 영광을 삼아 왕
궁에나 네 집으로 돌아가라 어찌하여 화
를 자취하여 너와 유다가 함께 망하고자
하느냐 하나

5

6

7

8

9

10

11 아마샤가 듣지 아니하므로 이스라엘
의 왕 요아스가 올라와서 그와 유다의 왕
아마샤가 유다의 벧세메스에서 대면하였
더니

12 유다가 이스라엘 앞에서 패하여 각기
장막으로 도망한지라

13 이스라엘 왕 요아스가 벧세메스에서
아하시야의 손자 요아스의 아들 유다 왕
아마샤를 사로잡고 예루살렘에 이르러
예루살렘 성벽을 에브라임 문에서부터
성 모퉁이 문까지 사백 규빗을 헐고

14 또 여호와의 성전과 왕궁 곳간에 있는
금 은과 모든 기명을 탈취하고 또 사람을
볼모로 잡고서 사마리아로 돌아갔더라

15 요아스의 남은 사적과 그의 업적과 또
유다의 왕 아마샤와 싸운 일은 이스라엘
왕 역대지략에 기록되지 아니하였느냐

16 요아스가 그의 조상들과 함께 자매 이
스라엘 왕들과 사마리아에 함께 장사되
고 그의 아들 여로보암이 대신하여 왕이
되니라

유다 왕 아마샤가 죽다(대하 25:25-28)

17 이스라엘의 왕 여호아하스의 아들 요
아스가 죽은 후에도 유다의 왕 요아스의
아들 아마샤가 십오 년간을 생존하였더
라

18 아마샤의 남은 행적은 유다 왕 역대지
략에 기록되지 아니하였느냐

19 예루살렘에서 무리가 그를 반역한 고
로 그가 라기스로 도망하였더니 반역한

11

12

13

14

15

16

유다 왕 아마샤가 죽다(대하 25:25-28)

17

18

19

무리가 사람을 라기스로 따라 보내 그를
거기서 죽이게 하고
20 그 시체를 말에 실어다가 예루살렘에
서 그의 조상들과 함께 다윗 성에 장사하
니라
21 유다 온 백성이 아사랴를 그의 아버지
아마샤를 대신하여 왕으로 삼으니 그 때
에 그의 나이가 십육 세라
22 아마샤가 그의 조상들과 함께 잔 후에
아사랴가 엘랏을 건축하여 유다에 복귀
시켰더라

이스라엘 왕 여로보암 2세

23 유다의 왕 요아스의 아들 아마샤 제십
오년에 이스라엘의 왕 요아스의 아들 여
로보암이 사마리아에서 왕이 되어 사십
일 년간 다스렸으며
24 여호와 보시기에 악을 행하여 이스라
엘에게 범죄하게 한 느밧의 아들 여로보
암의 모든 죄에서 떠나지 아니하였더라
25 이스라엘의 하나님 여호와께서 그의
종 가드헤벨 아밋대의 아들 선지자 요나
를 통하여 하신 말씀과 같이 여로보암이
이스라엘 영토를 회복하되 하맛 어귀에
서부터 아라바 바다까지 하였으니
26 이는 여호와께서 이스라엘의 고난이
심하여 매인 자도 없고 놓인 자도 없고 이
스라엘을 도울 자도 없음을 보셨고
27 여호와께서 또 이스라엘의 이름을 천
하에서 없이 하겠다고도 아니하셨으므로
요아스의 아들 여로보암의 손으로 구원

20

21

22

이스라엘 왕 여로보암 2세

23

24

25

26

27

하심이었더라

28 여로보암의 남은 사적과 모든 행한 일
과 싸운 업적과 다메섹을 회복한 일과 이
전에 유다에 속하였던 하맛을 이스라엘
에 돌린 일은 이스라엘 왕 역대지략에 기
록되지 아니하였느냐

29 여로보암이 그의 조상 이스라엘 왕들
과 함께 자고 그의 아들 스가랴가 대신하
여 왕이 되니라

유다 왕 아사랴(대하 26:1-23)

15 이스라엘 왕 여로보암 제이십칠년
에 유다 왕 아마샤의 아들 아사랴가
왕이 되니

2 그가 왕이 될 때에 나이가 십육 세라
예루살렘에서 오십이 년간 다스리니라
그의 어머니의 이름은 여골리야라 예루
살렘 사람이더라

3 아사랴가 그의 아버지 아마샤의 모든
행위대로 여호와 보시기에 정직히 행하
였으나

4 오직 산당은 제거하지 아니하였으므
로 백성이 여전히 그 산당에서 제사를 드
리며 분향하였고

5 여호와께서 왕을 치셨으므로 그가 죽
는 날까지 나병환자가 되어 별궁에 거하
고 왕자 요담이 왕궁을 다스리며 그 땅의
백성을 치리하였더라

6 아사랴의 남은 사적과 행한 모든 일은
유다 왕 역대지략에 기록되지 아니하였
느냐

28

29

유다 왕 아사랴(대하 26:1-23)

15

2

3

4

5

6

7 아사랴가 그의 조상들과 함께 자매 다
윗 성에 그의 조상들과 함께 장사되고 그
의 아들 요담이 대신하여 왕이 되니라

이스라엘 왕 스가랴

8 유다의 왕 아사랴의 제삼십팔년에 여
로보암의 아들 스가랴가 사마리아에서
여섯 달 동안 이스라엘을 다스리며
9 그의 조상들의 행위대로 여호와 보시
기에 악을 행하여 이스라엘로 범죄하게
한 느밧의 아들 여로보암의 죄에서 떠나
지 아니한지라
10 야베스의 아들 살룸이 그를 반역하여
백성 앞에서 쳐죽이고 대신하여 왕이 되
니라
11 스가랴의 남은 사적은 이스라엘 왕 역
대지략에 기록되니라
12 여호와께서 예후에게 말씀하여 이르
시기를 네 자손이 사 대 동안 이스라엘 왕
위에 있으리라 하신 그 말씀대로 과연 그
렇게 되니라

이스라엘 왕 살룸

13 유다 왕 웃시야 제삼십구년에 야베스
의 아들 살룸이 사마리아에서 왕이 되어
한 달 동안 다스리니라
14 가디의 아들 므나헴이 디르사에서부
터 사마리아로 올라가서 야베스의 아들
살룸을 거기에서 쳐죽이고 대신하여 왕
이 되니라
15 살룸의 남은 사적과 그가 반역한 일은
이스라엘 왕 역대지략에 기록되니라

7

이스라엘 왕 스가랴

8

9

10

11

12

이스라엘 왕 살룸

13

14

15

16 그 때에 므나헴이 디르사에서 와서 딥
사와 그 가운데에 있는 모든 사람과 그 사
방을 쳤으니 이는 그들이 성문을 열지 아
니하였음이라 그러므로 그들이 그 곳을
치고 그 가운데에 아이 밴 부녀를 갈랐더
라

16

이스라엘 왕 므나헴

이스라엘 왕 므나헴

17 유다 왕 아사랴 제삼십구년에 가디의
아들 므나헴이 이스라엘 왕이 되어 사마
리아에서 십 년간 다스리며

17

18 여호와 보시기에 악을 행하여 이스라
엘로 범죄하게 한 느밧의 아들 여로보암
의 죄에서 평생 떠나지 아니하였더라

18

19 앗수르 왕 불이 와서 그 땅을 치려 하
매 므나헴이 은 천 달란트를 불에게 주어
서 그로 자기를 도와 주게 함으로 나라를
자기 손에 굳게 세우고자 하여

19

20 그 은을 이스라엘 모든 큰 부자에게서
강탈하여 각 사람에게 은 오십 세겔씩 내
게 하여 앗수르 왕에게 주었더니 이에 앗
수르 왕이 되돌아가 그 땅에 머물지 아니
하였더라

20

21 므나헴의 남은 사적과 그가 행한 모든
일은 이스라엘 왕 역대지략에 기록되지
아니하였느냐

21

22 므나헴이 그의 조상들과 함께 자고 그
의 아들 브가히야가 대신하여 왕이 되니
라

22

이스라엘 왕 브가히야

이스라엘 왕 브가히야

23 유다의 왕 아사랴 제오십년에 므나헴

23

의 아들 브가히야가 사마리아에서 이스
라엘 왕이 되어 이 년간 다스리며

24 여호와께서 보시기에 악을 행하여 이
스라엘로 범죄하게 한 느밧의 아들 여로
보암의 죄에서 떠나지 아니한지라

25 그 장관 르말랴의 아들 베가가 반역하
여 사마리아 왕궁 호위소에서 왕과 아르
곱과 아리에를 죽이되 길르앗 사람 오십
명과 더불어 죽이고 대신하여 왕이 되었
더라

26 브가히야의 남은 사적과 그가 행한 모
든 일은 이스라엘 왕 역대지략에 기록되
니라

이스라엘 왕 베가

27 유다의 왕 아사랴 제오십이년에 르말
랴의 아들 베가가 이스라엘 왕이 되어 사
마리아에서 이십 년간 다스리며

28 여호와께서 보시기에 악을 행하여 이
스라엘로 범죄하게 한 느밧의 아들 여로
보암의 죄에서 떠나지 아니하였더라

29 이스라엘 왕 베가 때에 앗수르 왕 디글
랏 빌레셀이 와서 이욘과 아벨벳 마아가
와 야노아와 게데스와 하솔과 길르앗과
갈릴리와 납달리 온 땅을 점령하고 그 백
성을 사로잡아 앗수르로 옮겼더라

30 웃시야의 아들 요담 제이십년에 엘라
의 아들 호세아가 반역하여 르말랴의 아
들 베가를 쳐서 죽이고 대신하여 왕이 되
니라

31 베가의 남은 사적과 그가 행한 모든 일

24
25
26
이스라엘 왕 베가
27
28
29
30
31

은 이스라엘 왕 역대지략에 기록되니라

유다 왕 요담(대하 27:1-9)

32 이스라엘의 왕 르말랴의 아들 베가 제
이년에 유다 왕 웃시야의 아들 요담이 왕
이 되니

33 나이가 이십오 세라 예루살렘에서 십
육 년간 다스리니라 그의 어머니의 이름
은 여루사라 사독의 딸이더라

34 요담이 그의 아버지 웃시야의 모든 행
위대로 여호와께서 보시기에 정직히 행
하였으나

35 오직 산당을 제거하지 아니하였으므
로 백성이 여전히 그 산당에서 제사를 드
리며 분향하였더라 요담이 여호와의 성
전의 윗문을 건축하니라

36 요담의 남은 사적과 그가 행한 모든 일
은 유다 왕 역대지략에 기록되지 아니하
였느냐

37 그 때에 여호와께서 비로소 아람 왕 르
신과 르말랴의 아들 베가를 보내어 유다
를 치게 하셨더라

38 요담이 그의 조상들과 함께 자매 그의
조상 다윗 성에 조상들과 함께 장사되고
그 아들 아하스가 대신하여 왕이 되니라

유다 왕 아하스(대하 28:1-27)

16 르말랴의 아들 베가 제십칠년에 유
다의 왕 요담의 아들 아하스가 왕
이 되니

2 아하스가 왕이 될 때에 나이가 이십 세
라 예루살렘에서 십육 년간 다스렸으나

유다 왕 요담(대하 27:1-9)

32

33

34

35

36

37

38

유다 왕 아하스(대하 28:1-27)

16

2

그의 조상 다윗과 같지 아니하여 그의 하
나님 여호와께서 보시기에 정직히 행하
지 아니하고

3 이스라엘의 여러 왕의 길로 행하며 또
여호와께서 이스라엘 자손 앞에서 쫓아
내신 이방 사람의 가증한 일을 따라 자기
아들을 불 가운데로 지나가게 하며

4 또 산당들과 작은 산 위와 모든 푸른
나무 아래에서 제사를 드리며 분향하였
더라

5 이 때에 아람의 왕 르신과 이스라엘의
왕 르말랴의 아들 베가가 예루살렘에 올
라와서 싸우려 하여 아하스를 에워쌌으
나 능히 이기지 못하니라

6 당시에 아람의 왕 르신이 엘랏을 회복
하여 아람에 돌리고 유다 사람을 엘랏에
서 쫓아내었고 아람 사람이 엘랏에 이르
러 거기에 거주하여 오늘까지 이르렀더
라

7 아하스가 앗수르 왕 디글랏 빌레셀에
게 사자를 보내 이르되 나는 왕의 신복이
요 왕의 아들이라 이제 아람 왕과 이스라
엘 왕이 나를 치니 청하건대 올라와 그 손
에서 나를 구원하소서 하고

8 아하스가 여호와의 성전과 왕궁 곳간
에 있는 은금을 내어다가 앗수르 왕에게
예물로 보냈더니

9 앗수르 왕이 그 청을 듣고 곧 올라와서
다메섹을 쳐서 점령하여 그 백성을 사로
잡아 기르로 옮기고 또 르신을 죽였더라

3

4

5

6

7

8

9

10 아하스 왕이 앗수르의 왕 디글랏 빌레
셀을 만나러 다메섹에 갔다가 거기 있는
제단을 보고 아하스 왕이 그 제단의 모든
구조와 제도의 양식을 그려 제사장 우리
야에게 보냈더니

11 아하스 왕이 다메섹에서 돌아오기 전
에 제사장 우리야가 아하스 왕이 다메섹
에서 보낸 대로 모두 행하여 제사장 우리
야가 제단을 만든지라

12 왕이 다메섹에서 돌아와 제단을 보고
제단 앞에 나아가 그 위에 제사를 드리되

13 자기의 번제물과 소제물을 불사르고
또 전제물을 붓고 수은제 짐승의 피를 제
단에 뿌리고

14 또 여호와의 앞 곧 성전 앞에 있던 놋
제단을 새 제단과 여호와의 성전 사이에
서 옮겨다가 그 제단 북쪽에 그것을 두니
라

15 아하스 왕이 제사장 우리야에게 명령
하여 이르되 아침 번제물과 저녁 소제물
과 왕의 번제물과 그 소제물과 모든 국민
의 번제물과 그 소제물과 전제물을 다 이
큰 제단 위에 불사르고 또 번제물의 피와
다른 제물의 피를 다 그 위에 뿌리라 오직
놋 제단은 내가 주께 여쭐 일에만 쓰게 하
라 하매

16 제사장 우리야가 아하스 왕의 모든 명
령대로 행하였더라

17 아하스 왕이 물두멍 받침의 옆판을 떼
내고 물두멍을 그 자리에서 옮기고 또 놋

10

11

12

13

14

15

16

17

바다를 놋소 위에서 내려다가 돌판 위에
그것을 두며

18 또 안식일에 쓰기 위하여 성전에 건축
한 낭실과 왕이 밖에서 들어가는 낭실을
앗수르 왕을 두려워하여 여호와의 성전
에 옮겨 세웠더라

19 아하스가 행한 그 남은 사적은 유다 왕
역대지략에 기록되지 아니하였느냐

20 아하스가 그의 조상들과 함께 자매 다
윗 성에 그 열조와 함께 장사되고 그의 아
들 히스기야가 대신하여 왕이 되니라

이스라엘 왕 호세아

17 유다의 왕 아하스 제십이년에 엘라
의 아들 호세아가 사마리아에서 이
스라엘 왕이 되어 구 년간 다스리며

2 여호와께서 보시기에 악을 행하였으
나 다만 그 전 이스라엘 여러 왕들과 같이
하지는 아니하였더라

3 앗수르의 왕 살만에셀이 올라오니 호
세아가 그에게 종이 되어 조공을 드리더
니

4 그가 애굽의 왕 소에게 사자들을 보내
고 해마다 하던 대로 앗수르 왕에게 조공
을 드리지 아니하매 앗수르 왕이 호세아
가 배반함을 보고 그를 옥에 감금하여 두
고

5 앗수르 왕이 올라와 그 온 땅에 두루다
니고 사마리아로 올라와 그 곳을 삼 년간
에워쌌더라

6 호세아 제구년에 앗수르 왕이 사마리

18

19

20

이스라엘 왕 호세아

17

2

3

4

5

6

아를 점령하고 이스라엘 사람을 사로잡
아 앗수르로 끌어다가 고산 강 가에 있는
할라와 하볼과 메대 사람의 여러 고을에
두었더라

앗수르 왕이 사마리아를 차지하다

7 이 일은 이스라엘 자손이 자기를 애굽
땅에서 인도하여 내사 애굽의 왕 바로의
손에서 벗어나게 하신 그 하나님 여호와
께 죄를 범하고 또 다른 신들을 경외하며
8 여호와께서 이스라엘 자손 앞에서 쫓
아내신 이방 사람의 규례와 이스라엘 여
러 왕이 세운 율례를 행하였음이라
9 이스라엘의 자손이 점차로 불의를 행
하여 그 하나님 여호와를 배역하여 모든
성읍에 망대로부터 견고한 성에 이르도
록 산당을 세우고
10 모든 산 위에와 모든 푸른 나무 아래에
목상과 아세라 상을 세우고
11 또 여호와께서 그들 앞에서 물리치신
이방 사람 같이 그 곳 모든 산당에서 분향
하며 또 악을 행하여 여호와를 격노하게
하였으며
12 또 우상을 섬겼으니 이는 여호와께서
그들에게 행하지 말라고 말씀하신 일이
라
13 여호와께서 각 선지자와 각 선견자를
통하여 이스라엘과 유다에게 지정하여
이르시기를 너희는 돌이켜 너희 악한 길
에서 떠나 나의 명령과 율례를 지키되 내
가 너희 조상들에게 명령하고 또 내 종 선

앗수르 왕이 사마리아를 차지하다

7

8

9

10

11

12

13

지자들을 통하여 너희에게 전한 모든 율
법대로 행하라 하셨으나
14 그들이 듣지 아니하고 그들의 목을 곧
게 하기를 그들의 하나님 여호와를 믿지
아니하던 그들 조상들의 목 같이 하여
15 여호와의 율례와 여호와께서 그들의
조상들과 더불어 세우신 언약과 경계하
신 말씀을 버리고 허무한 것을 뒤따라 허
망하며 또 여호와께서 명령하사 따르지
말라 하신 사방 이방 사람을 따라
16 그들의 하나님 여호와의 모든 명령을
버리고 자기들을 위하여 두 송아지 형상
을 부어 만들고 또 아세라 목상을 만들고
하늘의 일월 성신을 경배하며 또 바알을
섬기고
17 또 자기 자녀를 불 가운데로 지나가게
하며 복술과 사술을 행하고 스스로 팔려
여호와 보시기에 악을 행하여 그를 격노
하게 하였으므로
18 여호와께서 이스라엘에게 심히 노하
사 그들을 그의 앞에서 제거하시니 오직
유다 지파 외에는 남은 자가 없으니라
19 유다도 그들의 하나님 여호와의 명령
을 지키지 아니하고 이스라엘 사람들이
만든 관습을 행하였으므로
20 여호와께서 이스라엘의 온 족속을 버
리사 괴롭게 하시며 노략꾼의 손에 넘기
시고 마침내 그의 앞에서 쫓아내시니라
21 이스라엘을 다윗의 집에서 찢어 나누
시매 그들이 느밧의 아들 여로보암을 왕

14
15
16
17
18
19
20
21

으로 삼았더니 여로보암이 이스라엘을
몰아 여호와를 떠나고 큰 죄를 범하게 하
매

22 이스라엘 자손이 여로보암이 행한 모
든 죄를 따라 행하여 거기서 떠나지 아니
하므로

23 여호와께서 그의 종 모든 선지자를 통
하여 하신 말씀대로 드디어 이스라엘을
그 앞에서 내쫓으신지라 이스라엘이 고
향에서 앗수르에 사로잡혀 가서 오늘까
지 이르렀더라

앗수르 사람들이 사마리아에 거주하다

24 앗수르 왕이 바벨론과 구다와 아와와
하맛과 스발와임에서 사람을 옮겨다가
이스라엘 자손을 대신하여 사마리아 여
러 성읍에 두매 그들이 사마리아를 차지
하고 그 여러 성읍에 거주하니라

25 그들이 처음으로 거기 거주할 때에 여
호와를 경외하지 아니하므로 여호와께서
사자들을 그들 가운데에 보내시매 몇 사
람을 죽인지라

26 그러므로 어떤 사람이 앗수르 왕에게
말하여 이르되 왕께서 사마리아 여러 성
읍에 옮겨 거주하게 하신 민족들이 그 땅
신의 법을 알지 못하므로 그들의 신이 사
자들을 그들 가운데에 보내매 그들을 죽
였사오니 이는 그들이 그 땅 신의 법을 알
지 못함이니이다 하니라

27 앗수르 왕이 명령하여 이르되 너희는
그 곳에서 사로잡아 온 제사장 한 사람을

22

23

앗수르 사람들이 사마리아에 거주하다

24

25

26

27

그 곳으로 데려가되 그가 그 곳에 가서 거
주하며 그 땅 신의 법을 무리에게 가르치
게 하라 하니

28 이에 사마리아에서 사로잡혀 간 제사
장 중 한 사람이 와서 벧엘에 살며 백성에
게 어떻게 여호와 경외할지를 가르쳤더
라

29 그러나 각 민족이 각기 자기의 신상들
을 만들어 사마리아 사람이 지은 여러 산
당들에 두되 각 민족이 자기들이 거주한
성읍에서 그렇게 하여

30 바벨론 사람들은 숙곳브놋을 만들었
고 굿 사람들은 네르갈을 만들었고 하맛
사람들은 아시마를 만들었고

31 아와 사람들은 닙하스와 다르닥을 만
들었고 스발와임 사람들은 그 자녀를 불
살라 그들의 신 아드람멜렉과 아남멜렉
에게 드렸으며

32 그들이 또 여호와를 경외하여 자기 중
에서 사람을 산당의 제사장으로 택하여
그 산당들에서 자기를 위하여 제사를 드
리게 하니라

33 이와 같이 그들이 여호와도 경외하고
또한 어디서부터 옮겨왔든지 그 민족의
풍속대로 자기의 신들도 섬겼더라

34 그들이 오늘까지 이전 풍속대로 행하
여 여호와를 경외하지 아니하며 또 여호
와께서 이스라엘이라 이름을 주신 야곱
의 자손에게 명령하신 율례와 법도와 율
법과 계명을 준행하지 아니하는도다

28

29

30

31

32

33

34

35 옛적에 여호와께서 야곱의 자손에게
언약을 세우시고 그들에게 명령하여 이
르시되 너희는 다른 신을 경외하지 말며
그를 경배하지 말며 그를 섬기지 말며 그
에게 제사하지 말고

36 오직 큰 능력과 편 팔로 너희를 애굽에
서 인도하여 내신 여호와만 경외하여 그
를 예배하며 그에게 제사를 드릴 것이며

37 또 여호와가 너희를 위하여 기록한 율
례와 법도와 율법과 계명을 지켜 영원히
행하고 다른 신들을 경외하지 말며

38 또 내가 너희와 세운 언약을 잊지 말며
다른 신들을 경외하지 말고

39 오직 너희 하나님 여호와만을 경외하
라 그가 너희를 모든 원수의 손에서 건져
내리라 하셨으나

40 그러나 그들이 듣지 아니하고 오히려
이전 풍속대로 행하였느니라

41 이 여러 민족이 여호와를 경외하고 또
그 아로새긴 우상을 섬기니 그들의 자자
손손이 그들의 조상들이 행하던 대로 그
들도 오늘까지 행하니라

유다 왕 히스기야(대하 29:1-2; 31:1)

18 이스라엘의 왕 엘라의 아들 호세아
제삼년에 유다 왕 아하스의 아들
히스기야가 왕이 되니

2 그가 왕이 될 때에 나이가 이십오 세라
예루살렘에서 이십구 년간 다스리니라
그의 어머니의 이름은 아비요 스가리야
의 딸이더라

35

36

37

38

39

40

41

유다 왕 히스기야(대하 29:1-2; 31:1)

18

2

3 히스기야가 그의 조상 다윗의 모든 행
위와 같이 여호와께서 보시기에 정직하
게 행하여

4 그가 여러 산당들을 제거하며 주상을
깨뜨리며 아세라 목상을 찍으며 모세가
만들었던 놋뱀을 이스라엘 자손이 이때
까지 향하여 분향하므로 그것을 부수고
느후스단이라 일컬었더라

5 히스기야가 이스라엘 하나님 여호와
를 의지하였는데 그의 전후 유다 여러 왕
중에 그러한 자가 없었으니

6 곧 그가 여호와께 연합하여 그에게서
떠나지 아니하고 여호와께서 모세에게
명령하신 계명을 지켰더라

7 여호와께서 그와 함께 하시매 그가 어
디로 가든지 형통하였더라 저가 앗수르
왕을 배반하고 섬기지 아니하였고

8 그가 블레셋 사람들을 쳐서 가사와 그
사방에 이르고 망대에서부터 견고한 성
까지 이르렀더라

9 히스기야 왕 제사년 곧 이스라엘의 왕
엘라의 아들 호세아 제칠년에 앗수르의
왕 살만에셀이 사마리아로 올라와서 에
워쌌더라

10 삼 년 후에 그 성읍이 함락되니 곧 히
스기야 왕의 제육년이요 이스라엘 왕 호
세아의 제구년에 사마리아가 함락되매

11 앗수르 왕이 이스라엘을 사로잡아 앗수
르에 이르러 고산 강 가에 있는 할라와 하
볼과 메대 사람의 여러 성읍에 두었으니

3

4

5

6

7

8

9

10

11

12 이는 그들이 하나님 여호와의 말씀을
듣지 아니하고 그의 언약과 여호와의 종
모세가 명령한 모든 것을 따르지 아니하
였음이더라

12

앗수르 사람들이 예루살렘을 위협하다

(대하 32:1-19; 사 36:1-22)

앗수르 사람들이 예루살렘을 위협하다

(대하 32:1-19; 사 36:1-22)

13 히스기야 왕 제십사년에 앗수르의 왕
산헤립이 올라와서 유다 모든 견고한 성
읍들을 쳐서 점령하매

13

14 유다의 왕 히스기야가 라기스로 사람
을 보내어 앗수르 왕에게 이르되 내가 범
죄하였나이다 나를 떠나 돌아가소서 왕
이 내게 지우시는 것을 내가 당하리이다
하였더니 앗수르 왕이 곧 은 삼백 달란트
와 금 삼십 달란트를 정하여 유다 왕 히스
기야에게 내게 한지라

14

15 히스기야가 이에 여호와의 성전과 왕
궁 곳간에 있는 은을 다 주었고

15

16 또 그 때에 유다 왕 히스기야가 여호와
의 성전 문의 금과 자기가 모든 기둥에 입
힌 금을 벗겨 모두 앗수르 왕에게 주었더
라

16

17 앗수르 왕이 다르단과 랍사리스와 랍
사게로 하여금 대군을 거느리고 라기스
에서부터 예루살렘으로 가서 히스기야
왕을 치게 하매 그들이 예루살렘으로 올
라가니라 그들이 올라가서 윗못 수도 곁
곧 세탁자의 밭에 있는 큰 길에 이르러 서
니라

17

18 그들이 왕을 부르매 힐기야의 아들로

18

서 왕궁의 책임자인 엘리야김과 서기관
셉나와 아삽의 아들 사관 요아가 그에게
나가니

19 랍사게가 그들에게 이르되 너희는 히
스기야에게 말하라 대왕 앗수르 왕의 말
씀이 네가 의뢰하는 이 의뢰가 무엇이냐

20 네가 싸울 만한 계교와 용력이 있다고
한다마는 이는 입에 붙은 말 뿐이라 네가
이제 누구를 의뢰하고 나를 반역하였느
냐

21 이제 네가 너를 위하여 저 상한 갈대
지팡이 애굽을 의뢰하도다 사람이 그것
을 의지하면 그의 손에 찔려 들어갈지라
애굽의 왕 바로는 그에게 의뢰하는 모든
자에게 이와 같으니라

22 너희가 내게 이르기를 우리는 우리 하
나님 여호와를 의뢰하노라 하리라마는
히스기야가 그들의 산당들과 제단을 제
거하고 유다와 예루살렘 사람에게 명령
하기를 예루살렘 이 제단 앞에서만 예배
하라 하지 아니하였느냐 하셨나니

23 청하건대 이제 너는 내 주 앗수르 왕과
내기하라 네가 만일 말을 탈 사람을 낼 수
있다면 나는 네게 말 이천 마리를 주리라

24 네가 어찌 내 주의 신하 중 지극히 작
은 지휘관 한 사람인들 물리치며 애굽을
의뢰하고 그 병거와 기병을 얻을 듯하냐

25 내가 어찌 여호와의 뜻이 아니고야 이
제 이 곳을 멸하러 올라왔겠느냐 여호와
께서 전에 내게 이르시기를 이 땅으로 올

19

20

21

22

23

24

25

라와서 쳐서 멸하라 하셨느니라 하는지
라

26 힐기야의 아들 엘리야김과 셉나와 요
아가 랍사게에게 이르되 우리가 알아듣
겠사오니 청하건대 아람 말로 당신의 종
들에게 말씀하시고 성 위에 있는 백성이
듣는 데서 유다 말로 우리에게 말씀하지
마옵소서

27 랍사게가 그에게 이르되 내 주께서 네
주와 네게만 이 말을 하라고 나를 보내신
것이냐 성 위에 앉은 사람들도 너희와 함
께 자기의 대변을 먹게 하고 자기의 소변
을 마시게 하신 것이 아니냐 하고

28 랍사게가 드디어 일어서서 유다 말로
크게 소리 질러 불러 이르되 너희는 대왕
앗수르 왕의 말씀을 들으라

29 왕의 말씀이 너희는 히스기야에게 속
지 말라 그가 너희를 내 손에서 건져내지
못하리라

30 또한 히스기야가 너희에게 여호와를
의뢰하라 함을 듣지 말라 그가 이르기를
여호와께서 반드시 우리를 건지실지라
이 성읍이 앗수르 왕의 손에 함락되지 아
니하게 하시리라 할지라도

31 너희는 히스기야의 말을 듣지 말라 앗
수르 왕의 말씀이 너희는 내게 항복하고
내게로 나아오라 그리하고 너희는 각각
그의 포도와 무화과를 먹고 또한 각각 자
기의 우물의 물을 마시라

32 내가 장차 와서 너희를 한 지방으로 옮

26

27

28

29

30

31

32

기리니 그 곳은 너희 본토와 같은 지방 곧
곡식과 포도주가 있는 지방이요 떡과 포
도원이 있는 지방이요 기름 나는 감람과
꿀이 있는 지방이라 너희가 살고 죽지 아
니하리라 히스기야가 너희를 설득하여
이르기를 여호와께서 우리를 건지시리라
하여도 히스기야에게 듣지 말라

33 민족의 신들 중에 어느 한 신이 그의
땅을 앗수르 왕의 손에서 건진 자가 있느
냐

34 하맛과 아르밧의 신들이 어디 있으며
스발와임과 헤나와 아와의 신들이 어디
있느냐 그들이 사마리아를 내 손에서 건
졌느냐

35 민족의 모든 신들 중에 누가 그의 땅을
내 손에서 건졌기에 여호와가 예루살렘
을 내 손에서 건지겠느냐 하셨느니라

36 그러나 백성이 잠잠하고 한 마디도 그
에게 대답하지 아니하니 이는 왕이 명령
하여 대답하지 말라 하였음이라

37 이에 힐기야의 아들로서 왕궁 내의 책
임자인 엘리야김과 서기관 셉나와 아삽
의 아들 사관 요아가 옷을 찢고 히스기야
에게 나아가서 랍사게의 말을 전하니라

왕이 이사야의 충고를 듣고자 하다(사 37:1-7)

19 히스기야 왕이 듣고 그 옷을 찢고
굵은 베를 두르고 여호와의 전에
들어가서

2 왕궁의 책임자인 엘리야김과 서기관
셉나와 제사장 중 장로들에게 굵은 베를

33
34
35
36
37
왕이 이사야의 충고를 듣고자 하다(사 37:1-7)
19
2

둘려서 아모스의 아들 선지자 이사야에
게로 보내매

3 그들이 이사야에게 이르되 히스기야
의 말씀이 오늘은 환난과 징벌과 모욕의
날이라 아이를 낳을 때가 되었으나 해산
할 힘이 없도다

4 랍사게가 그의 주 앗수르 왕의 보냄을
받고 와서 살아 계신 하나님을 비방하였
으니 당신의 하나님 여호와께서 혹시 그
의 말을 들으셨을지라 당신의 하나님 여
호와께서 그 들으신 말 때문에 꾸짖으실
듯하니 당신은 이 남아 있는 자들을 위하
여 기도하소서 하더이다 하니라

5 이와 같이 히스기야 왕의 신복이 이사
야에게 나아가니

6 이사야가 그들에게 이르되 너희는 너
희 주에게 이렇게 말하라 여호와의 말씀
이 너는 앗수르 왕의 신복에게 들은 바 나
를 모욕하는 말 때문에 두려워하지 말라

7 내가 한 영을 그의 속에 두어 그로 소
문을 듣고 그의 본국으로 돌아가게 하고
또 그의 본국에서 그에게 칼에 죽게 하리
라 하셨느니라 하더라

앗수르가 또 위협하다(사 37:8-20)

8 랍사게가 돌아가다가 앗수르 왕이 이
미 라기스에서 떠났다 함을 듣고 립나로
가서 앗수르 왕을 만났으니 왕이 거기서
립나와 싸우는 중이더라

9 앗수르 왕은 구스 왕 디르하가가 당신
과 싸우고자 나왔다 함을 듣고 다시 히스

3

4

5

6

7

앗수르가 또 위협하다(사 37:8-20)

8

9

기야에게 사자를 보내며 이르되
10 너희는 유다의 왕 히스기야에게 이같
이 말하여 이르기를 네가 믿는 네 하나님
이 예루살렘을 앗수르 왕의 손에 넘기지
아니하겠다 하는 말에 속지 말라
11 앗수르의 여러 왕이 여러 나라에 행한
바 진멸한 일을 네가 들었나니 네가 어찌
구원을 얻겠느냐
12 내 조상들이 멸하신 여러 민족 곧 고산
과 하란과 레셉과 들라살에 있는 에덴 족
속을 그 나라들의 신들이 건졌느냐
13 하맛 왕과 아르밧 왕과 스발와임 성의
왕과 헤나와 아와의 왕들이 다 어디 있느
냐 하라 하니라
14 히스기야가 사자의 손에서 편지를 받
아보고 여호와의 성전에 올라가서 히스
기야가 그 편지를 여호와 앞에 펴 놓고
15 그 앞에서 히스기야가 기도하여 이르
되 그룹들 위에 계신 이스라엘의 하나님
여호와여 주는 천하 만국에 홀로 하나님
이시라 주께서 천지를 만드셨나이다
16 여호와여 귀를 기울여 들으소서 여호
와여 눈을 떠서 보시옵소서 산헤립이 살
아 계신 하나님을 비방하러 보낸 말을 들
으시옵소서
17 여호와여 앗수르 여러 왕이 과연 여러
민족과 그들의 땅을 황폐하게 하고
18 또 그들의 신들을 불에 던졌사오니 이
는 그들이 신이 아니요 사람의 손으로 만
든 것 곧 나무와 돌 뿐이므로 멸하였나이

10

11

12

13

14

15

16

17

18

다
19 우리 하나님 여호와여 원하건대 이제
우리를 그의 손에서 구원하옵소서 그리
하시면 천하 만국이 주 여호와가 홀로 하
나님이신 줄 알리이다 하니라

이사야가 왕에게 보낸 여호와의 말씀(사 37:21-38)

20 아모스의 아들 이사야가 히스기야에
게 보내 이르되 이스라엘 하나님 여호와
의 말씀이 네가 앗수르 왕 산헤립 때문에
내게 기도하는 것을 내가 들었노라 하셨
나이다
21 여호와께서 앗수르 왕에게 대하여 이
같이 말씀하시기를

처녀 딸 시온이 너를 멸시하며 너를 비웃
었으며 딸 예루살렘이 너를 향하여 머리
를 흔들었느니라
22 네가 누구를 꾸짖었으며 비방하였느
냐 누구를 향하여 소리를 높였으며 눈을
높이 떴느냐 이스라엘의 거룩한 자에게
그리하였도다
23 네가 사자들을 통하여 주를 비방하여
이르기를 내가 많은 병거를 거느리고 여
러 산 꼭대기에 올라가며 레바논 깊은 곳
에 이르러 높은 백향목과 아름다운 잣나
무를 베고 내가 그 가장 먼 곳에 들어가며
그의 동산의 무성한 수풀에 이르리라
24 내가 땅을 파서 이방의 물을 마셨고 나
의 발바닥으로 애굽의 모든 강들을 말렸
노라 하였도다
25 네가 듣지 못하였느냐 이 일은 내가 태

19

이사야가 왕에게 보낸 여호와의 말씀(사 37:21-38)

20

21

22

23

24

25

초부터 행하였고 옛날부터 정한 바라 이
제 내가 이루어 너로 견고한 성들을 멸하
여 무너진 돌무더기가 되게 함이니라

26 그러므로 거기에 거주하는 백성의 힘
이 약하여 두려워하며 놀랐나니 그들은
들의 채소와 푸른 풀과 지붕의 잡초와 자
라기 전에 시든 곡초 같이 되었느니라

27 네 거처와 네 출입과 네가 내게 향한
분노를 내가 다 아노니

28 네가 내게 향한 분노와 네 교만한 말이
내 귀에 들렸도다 그러므로 내가 갈고리
를 네 코에 꿰고 재갈을 네 입에 물려 너
를 오던 길로 끌어 돌이키리라

하셨나이다

29 또 네게 보일 징조가 이러하니 너희가
금년에는 스스로 자라난 것을 먹고 내년
에는 그것에서 난 것을 먹되 제삼년에는
심고 거두며 포도원을 심고 그 열매를 먹
으리라

30 유다 족속 중에서 피하고 남은 자는 다
시 아래로 뿌리를 내리고 위로 열매를 맺
을지라

31 남은 자는 예루살렘에서부터 나올 것
이요 피하는 자는 시온 산에서부터 나오
리니 여호와의 열심이 이 일을 이루리라
하셨나이다 하니라

32 그러므로 여호와께서 앗수르 왕을 가
리켜 이르시기를 그가 이 성에 이르지 못
하며 이리로 화살을 쏘지 못하며 방패를
성을 향하여 세우지 못하며 치려고 토성

26
27
28
29
30
31
32

을 쌓지도 못하고
33 오던 길로 돌아가고 이 성에 이르지 못
하리라 하셨으니 이는 여호와의 말씀이
시라
34 내가 나와 나의 종 다윗을 위하여 이
성을 보호하여 구원하리라 하셨나이다
하였더라

산헤립이 죽다

35 이 밤에 여호와의 사자가 나와서 앗수
르 진영에서 군사 십팔만 오천 명을 친지
라 아침에 일찍이 일어나 보니 다 송장이
되었더라
36 앗수르 왕 산헤립이 떠나 돌아가서 니
느웨에 거주하더니
37 그가 그의 신 니스록의 신전에서 경배
할 때에 아드람멜렉과 사레셀이 그를 칼
로 쳐죽이고 아라랏 땅으로 그들이 도망
하매 그 아들 에살핫돈이 대신하여 왕이
되니라

히스기야의 발병과 회복

(대하 32:24-26; 사 38:1-8, 21-22)

20 그 때에 히스기야가 병들어 죽게
되매 아모스의 아들 선지자 이사
야가 그에게 나아와서 그에게 이르되 여
호와의 말씀이 너는 집을 정리하라 네가
죽고 살지 못하리라 하셨나이다
2 히스기야가 낯을 벽으로 향하고 여호
와께 기도하여 이르되
3 여호와여 구하오니 내가 진실과 전심
으로 주 앞에 행하며 주께서 보시기에 선

33

34

산헤립이 죽다

35

36

37

히스기야의 발병과 회복

(대하 32:24-26; 사 38:1-8, 21-22)

20

2

3

하게 행한 것을 기억하옵소서 하고 히스
기야가 심히 통곡하더라

4 이사야가 성읍 가운데까지도 이르기
전에 여호와의 말씀이 그에게 임하여 이
르시되

5 너는 돌아가서 내 백성의 주권자 히스
기야에게 이르기를 왕의 조상 다윗의 하
나님 여호와의 말씀이 내가 네 기도를 들
었고 네 눈물을 보았노라 내가 너를 낫게
하리니 네가 삼 일 만에 여호와의 성전에
올라가겠고

6 내가 네 날에 십오 년을 더할 것이며
내가 너와 이 성을 앗수르 왕의 손에서 구
원하고 내가 나를 위하고 또 내 종 다윗을
위하므로 이 성을 보호하리라 하셨다 하
라 하셨더라

7 이사야가 이르되 무화과 반죽을 가져
오라 하매 무리가 가져다가 그 상처에 놓
으니 나으니라

8 히스기야가 이사야에게 이르되 여호
와께서 나를 낫게 하시고 삼 일 만에 여호
와의 성전에 올라가게 하실 무슨 징표가
있나이까 하니

9 이사야가 이르되 여호와께서 하신 말
씀을 응하게 하실 일에 대하여 여호와께
로부터 왕에게 한 징표가 임하리이다 해
그림자가 십도를 나아갈 것이니이까 혹
십도를 물러갈 것이니이까 하니

10 히스기야가 대답하되 그림자가 십도
를 나아가기는 쉬우니 그리할 것이 아니

4

5

6

7

8

9

10

라 십도가 뒤로 물러갈 것이니이다 하니
라

11 선지자 이사야가 여호와께 간구하매
아하스의 해시계 위에 나아갔던 해 그림
자를 십도 뒤로 물러가게 하셨더라

바벨론에서 온 사자들(사 39:1-8)

12 그 때에 발라단의 아들 바벨론의 왕 브
로닥발라단이 히스기야가 병 들었다 함
을 듣고 편지와 예물을 그에게 보낸지라

13 히스기야가 사자들의 말을 듣고 자기
보물고의 금은과 향품과 보배로운 기름
과 그의 군기고와 창고의 모든 것을 다 사
자들에게 보였는데 왕궁과 그의 나라 안
에 있는 모든 것 중에서 히스기야가 그에
게 보이지 아니한 것이 없더라

14 선지자 이사야가 히스기야 왕에게 나
아와 그에게 이르되 이 사람들이 무슨 말
을 하였으며 어디서부터 왕에게 왔나이
까 히스기야가 이르되 먼 지방 바벨론에
서 왔나이다 하니

15 이사야가 이르되 그들이 왕궁에서 무
엇을 보았나이까 하니 히스기야가 대답
하되 내 궁에 있는 것을 그들이 다 보았나
니 나의 창고에서 하나도 보이지 아니한
것이 없나이다 하더라

히스기야가 죽다(대하 32:32-33)

16 이사야가 히스기야에게 이르되 여호
와의 말씀을 들으소서

17 여호와의 말씀이 날이 이르리니 왕궁
의 모든 것과 왕의 조상들이 오늘까지 쌓

11
바벨론에서 온 사자들(사 39:1-8)
12
13
14
15
히스기야가 죽다(대하 32:32-33)
16
17

아 두었던 것이 바벨론으로 옮긴 바 되고
하나도 남지 아니할 것이요

18 또 왕의 몸에서 날 아들 중에서 사로잡
혀 바벨론 왕궁의 환관이 되리라 하셨나
이다 하니

19 히스기야가 이사야에게 이르되 당신
이 전한 바 여호와의 말씀이 선하니이다
하고 또 이르되 만일 내가 사는 날에 태평
과 진실이 있을진대 어찌 선하지 아니하
리요 하니라

20 히스기야의 남은 사적과 그의 모든 업
적과 저수지와 수도를 만들어 물을 성 안
으로 끌어들인 일은 유다 왕 역대지략에
기록되지 아니하였느냐

21 히스기야가 그의 조상들과 함께 자고
그의 아들 므낫세가 대신하여 왕이 되니
라

유다 왕 므낫세(대하 33:1-20)

21 므낫세가 왕이 될 때에 나이가 십
이 세라 예루살렘에서 오십오 년간
다스리니라 그의 어머니의 이름은 헵시
바더라

2 므낫세가 여호와 보시기에 악을 행하
여 여호와께서 이스라엘 자손 앞에서 쫓
아내신 이방 사람의 가증한 일을 따라서

3 그의 아버지 히스기야가 헐어 버린 산
당들을 다시 세우며 이스라엘의 왕 아합
의 행위를 따라 바알을 위하여 제단을 쌓
으며 아세라 목상을 만들며 하늘의 일월
성신을 경배하여 섬기며

18

19

20

21

유다 왕 므낫세(대하 33:1-20)

21

2

3

4 여호와께서 전에 이르시기를 내가 내
이름을 예루살렘에 두리라 하신 여호와
의 성전에 제단들을 쌓고

5 또 여호와의 성전 두 마당에 하늘의 일
월 성신을 위하여 제단들을 쌓고

6 또 자기의 아들을 불 가운데로 지나게
하며 점치며 사술을 행하며 신접한 자와
박수를 신임하여 여호와께서 보시기에
악을 많이 행하여 그 진노를 일으켰으며

7 또 자기가 만든 아로새긴 아세라 목상
을 성전에 세웠더라 옛적에 여호와께서
이 성전에 대하여 다윗과 그의 아들 솔로
몬에게 이르시기를 내가 이스라엘의 모
든 지파 중에서 택한 이 성전과 예루살렘
에 내 이름을 영원히 둘지라

8 만일 이스라엘이 나의 모든 명령과 나
의 종 모세가 명령한 모든 율법을 지켜 행
하면 내가 그들의 발로 다시는 그의 조상
들에게 준 땅에서 떠나 유리하지 아니하
게 하리라 하셨으나

9 이 백성이 듣지 아니하였고 므낫세의
꾐을 받고 악을 행한 것이 여호와께서 이
스라엘 자손 앞에서 멸하신 여러 민족보
다 더 심하였더라

10 여호와께서 그의 종 모든 선지자들을
통하여 말씀하여 이르시되

11 유다 왕 므낫세가 이 가증한 일과 악을
행함이 그 전에 있던 아모리 사람들의 행
위보다 더욱 심하였고 또 그들의 우상으
로 유다를 범죄하게 하였도다

4

5

6

7

8

9

10

11

12 그러므로 이스라엘의 하나님 여호와
가 말하노니 내가 이제 예루살렘과 유다
에 재앙을 내리리니 듣는 자마다 두 귀가
울리리라

13 내가 사마리아를 잰 줄과 아합의 집을
다림 보던 추를 예루살렘에 베풀고 또 사
람이 그릇을 씻어 엎음 같이 예루살렘을
씻어 버릴지라

14 내가 나의 기업에서 남은 자들을 버려
그들의 원수의 손에 넘긴즉 그들이 모든
원수에게 노략거리와 겁탈거리가 되리니

15 이는 애굽에서 나온 그의 조상 때부터
오늘까지 내가 보기에 악을 행하여 나의
진노를 일으켰음이니라 하셨더라

16 므낫세가 유다에게 범죄하게 하여 여
호와께서 보시기에 악을 행한 것 외에도
또 무죄한 자의 피를 심히 많이 흘려 예루
살렘 이 끝에서 저 끝까지 가득하게 하였
더라

17 므낫세의 남은 사적과 그가 행한 모든
일과 범한 죄는 유다 왕 역대지략에 기록
되지 아니하였느냐

18 므낫세가 그의 조상들과 함께 자매 그
의 궁궐 동산 곧 웃사의 동산에 장사되고
그의 아들 아몬이 대신하여 왕이 되니라

유다 왕 아몬(대하 33:21-25)

19 아몬이 왕이 될 때에 나이가 이십이 세
라 예루살렘에서 이 년간 다스리니라 그
의 어머니의 이름은 므술레멧이요 욧바
하루스의 딸이더라

12

13

14

15

16

17

18

유다 왕 아몬(대하 33:21-25)

19

20 아몬이 그의 아버지 므낫세의 행함 같
이 여호와 보시기에 악을 행하되
21 그의 아버지가 행한 모든 길로 행하여
그의 아버지가 섬기던 우상을 섬겨 그것
들에게 경배하고
22 그의 조상들의 하나님 여호와를 버리
고 그 길로 행하지 아니하더니
23 그의 신복들이 그에게 반역하여 왕을
궁중에서 죽이매
24 그 국민이 아몬 왕을 반역한 사람들을
다 죽이고 그의 아들 요시야를 대신하게
하여 왕을 삼았더라
25 아몬이 행한 바 남은 사적은 유다 왕
역대지략에 기록되지 아니하였느냐
26 아몬이 웃사의 동산 자기 묘실에 장사
되고 그의 아들 요시야가 대신하여 왕이
되니라

유다 왕 요시야(대하 34:1-2)

22 요시야가 왕위에 오를 때에 나이가
팔 세라 예루살렘에서 삼십일 년간
다스리니라 그의 어머니의 이름은 여디
다요 보스갓 아다야의 딸이더라
2 요시야가 여호와 보시기에 정직히 행
하여 그의 조상 다윗의 모든 길로 행하고
좌우로 치우치지 아니하였더라

율법책을 발견하다(대하 34:8-28)

3 요시야 왕 열여덟째 해에 왕이 므술람
의 손자 아살리야의 아들 서기관 사반을
여호와의 성전에 보내며 이르되
4 너는 대제사장 힐기야에게 올라가서

20
21
22
23
24
25
26
유다 왕 요시야(대하 34:1-2)
22
2
율법책을 발견하다(대하 34:8-28)
3
4

백성이 여호와의 성전에 드린 은 곧 문 지
킨 자가 수납한 은을 계산하여

5 여호와의 성전을 맡은 감독자의 손에
넘겨 그들이 여호와의 성전에 있는 작업
자에게 주어 성전에 부서진 것을 수리하
게 하되

6 곧 목수와 건축자와 미장이에게 주게
하고 또 재목과 다듬은 돌을 사서 그 성전
을 수리하게 하라

7 그러나 그들의 손에 맡긴 은을 회계하
지 말지니 이는 그들이 진실하게 행함이
니라

8 대제사장 힐기야가 서기관 사반에게
이르되 내가 여호와의 성전에서 율법책
을 발견하였노라 하고 힐기야가 그 책을
사반에게 주니 사반이 읽으니라

9 서기관 사반이 왕에게 돌아가서 보고
하여 이르되 왕의 신복들이 성전에서 찾
아낸 돈을 쏟아 여호와의 성전을 맡은 감
독자의 손에 맡겼나이다 하고

10 또 서기관 사반이 왕에게 말하여 이르
되 제사장 힐기야가 내게 책을 주더이다
하고 사반이 왕의 앞에서 읽으매

11 왕이 율법책의 말을 듣자 곧 그의 옷을
찢으니라

12 왕이 제사장 힐기야와 사반의 아들 아
히감과 미가야의 아들 악볼과 서기관 사
반과 왕의 시종 아사야에게 명령하여 이
르되

13 너희는 가서 나와 백성과 온 유다를 위

하여 이 발견한 책의 말씀에 대하여 여호
와께 물으라 우리 조상들이 이 책의 말씀
을 듣지 아니하며 이 책에 우리를 위하여
기록된 모든 것을 행하지 아니하였으므
로 여호와께서 우리에게 내리신 진노가
크도다

14 이에 제사장 힐기야와 또 아히감과 악
볼과 사반과 아사야가 여선지 훌다에게
로 나아가니 그는 할하스의 손자 디과의
아들로서 예복을 주관하는 살룸의 아내
라 예루살렘 둘째 구역에 거주하였더라
그들이 그와 더불어 말하매

15 훌다가 그들에게 이르되 이스라엘 하
나님 여호와의 말씀이 너희는 너희를 내
게 보낸 사람에게 말하기를

16 여호와의 말씀이 내가 이 곳과 그 주민
에게 재앙을 내리되 곧 유다 왕이 읽은 책
의 모든 말대로 하리니

17 이는 이 백성이 나를 버리고 다른 신에
게 분향하며 그들의 손의 모든 행위로 나
를 격노하게 하였음이라 그러므로 내가
이 곳을 향하여 내린 진노가 꺼지지 아니
하리라 하라 하셨느니라

18 너희를 보내 여호와께 묻게 한 유다 왕
에게는 너희가 이렇게 말하라 이스라엘
의 하나님 여호와가 이같이 말씀하셨느
니라 네가 들은 말들에 대하여는

19 내가 이 곳과 그 주민에게 대하여 빈
터가 되고 저주가 되리라 한 말을 네가 듣
고 마음이 부드러워져서 여호와 앞 곧 내

14

15

16

17

18

19

앞에서 겸비하여 옷을 찢고 통곡하였으
므로 나도 네 말을 들었노라 여호와가 말
하였느니라

20 그러므로 보라 내가 너로 너의 조상들
에게 돌아가서 평안히 묘실로 들어가게
하리니 내가 이 곳에 내리는 모든 재앙을
네 눈이 보지 못하리라 하셨느니라 하니
사자들이 왕에게 보고하니라

요시야가 이방 예배를 없애다

(대하 34:3-7, 29-33)

23 왕이 보내 유다와 예루살렘의 모든
장로를 자기에게로 모으고

2 이에 왕이 여호와의 성전에 올라가매
유다 모든 사람과 예루살렘 주민과 제사
장들과 선지자들과 모든 백성이 노소를
막론하고 다 왕과 함께 한지라 왕이 여호
와의 성전 안에서 발견한 언약책의 모든
말씀을 읽어 무리의 귀에 들리고

3 왕이 단 위에 서서 여호와 앞에서 언약
을 세우되 마음을 다하고 뜻을 다하여 여
호와께 순종하고 그의 계명과 법도와 율
례를 지켜 이 책에 기록된 이 언약의 말씀
을 이루게 하리라 하매 백성이 다 그 언약
을 따르기로 하니라

4 왕이 대제사장 힐기야와 모든 부제사
장들과 문을 지킨 자들에게 명령하여 바
알과 아세라와 하늘의 일월 성신을 위하
여 만든 모든 그릇들을 여호와의 성전에
서 내다가 예루살렘 바깥 기드론 밭에서
불사르고 그것들의 재를 벧엘로 가져가

20

요시야가 이방 예배를 없애다

(대하 34:3-7, 29-33)

23

2

3

4

게 하고

5 옛적에 유다 왕들이 세워서 유다 모든
성읍과 예루살렘 주위의 산당들에서 분
향하며 우상을 섬기게 한 제사장들을 폐
하며 또 바알과 해와 달과 별 떼와 하늘의
모든 별에게 분향하는 자들을 폐하고

6 또 여호와의 성전에서 아세라 상을 내
다가 예루살렘 바깥 기드론 시내로 가져
다 거기에서 불사르고 빻아서 가루를 만
들어 그 가루를 평민의 묘지에 뿌리고

7 또 여호와의 성전 가운데 남창의 집을
헐었으니 그 곳은 여인이 아세라를 위하
여 휘장을 짜는 처소였더라

8 또 유다 각 성읍에서 모든 제사장을 불
러오고 또 제사장이 분향하던 산당을 게
바에서부터 브엘세바까지 더럽게 하고
또 성문의 산당들을 헐어 버렸으니 이 산
당들은 그 성읍의 지도자 여호수아의 대
문 어귀 곧 성문 왼쪽에 있었더라

9 산당들의 제사장들은 예루살렘 여호
와의 제단에 올라가지 못하고 다만 그의
형제 중에서 무교병을 먹을 뿐이었더라

10 왕이 또 힌놈의 아들 골짜기의 도벳을
더럽게 하여 어떤 사람도 몰록에게 드리
기 위하여 자기의 자녀를 불로 지나가지
못하게 하고

11 또 유다 여러 왕이 태양을 위하여 드린
말들을 제하여 버렸으니 이 말들은 여호
와의 성전으로 들어가는 곳의 근처 내시
나단멜렉의 집 곁에 있던 것이며 또 태양

5

6

7

8

9

10

11

수레를 불사르고

12 유다 여러 왕이 아하스의 다락 지붕에
세운 제단들과 므낫세가 여호와의 성전
두 마당에 세운 제단들을 왕이 다 헐고 거
기서 빻아내려서 그것들의 가루를 기드
론 시내에 쏟아 버리고

13 또 예루살렘 앞 멸망의 산 오른쪽에 세
운 산당들을 왕이 더럽게 하였으니 이는
옛적에 이스라엘 왕 솔로몬이 시돈 사람
의 가증한 아스다롯과 모압 사람의 가증
한 그모스와 암몬 자손의 가증한 밀곰을
위하여 세웠던 것이며

14 왕이 또 석상들을 깨뜨리며 아세라 목
상들을 찍고 사람의 해골로 그 곳에 채웠
더라

15 또한 이스라엘에게 범죄하게 한 느밧
의 아들 여로보암이 벧엘에 세운 제단과
산당을 왕이 헐고 또 그 산당을 불사르고
빻아서 가루를 만들며 또 아세라 목상을
불살랐더라

16 요시야가 몸을 돌이켜 산에 있는 무덤
들을 보고 보내어 그 무덤에서 해골을 가
져다가 제단 위에서 불살라 그 제단을 더
럽게 하니라 이 일을 하나님의 사람이 전
하였더니 그 전한 여호와의 말씀대로 되
었더라

17 요시야가 이르되 내게 보이는 저것은
무슨 비석이냐 하니 성읍 사람들이 그에
게 말하되 왕께서 벧엘의 제단에 대하여
행하신 이 일을 전하러 유다에서 왔던 하

12

13

14

15

16

17

나님의 사람의 묘실이니이다 하니라
18 이르되 그대로 두고 그의 뼈를 옮기지
말라 하매 무리가 그의 뼈와 사마리아에
서 온 선지자의 뼈는 그대로 두었더라
19 전에 이스라엘 여러 왕이 사마리아 각
성읍에 지어서 여호와를 격노하게 한 산
당을 요시야가 다 제거하되 벧엘에서 행
한 모든 일대로 행하고
20 또 거기 있는 산당의 제사장들을 다 제
단 위에서 죽이고 사람의 해골을 제단 위
에서 불사르고 예루살렘으로 돌아왔더라

요시야 왕이 유월절을 지키다(대하 35:1-19)

21 왕이 뭇 백성에게 명령하여 이르되 이
언약책에 기록된 대로 너희의 하나님 여
호와를 위하여 유월절을 지키라 하매
22 사사가 이스라엘을 다스리던 시대부
터 이스라엘 여러 왕의 시대와 유다 여러
왕의 시대에 이렇게 유월절을 지킨 일이
없었더니
23 요시야 왕 열여덟째 해에 예루살렘에
서 여호와 앞에 이 유월절을 지켰더라

요시야의 나머지 개혁

24 요시야가 또 유다 땅과 예루살렘에 보
이는 신접한 자와 점쟁이와 드라빔과 우
상과 모든 가증한 것을 다 제거하였으니
이는 대제사장 힐기야가 여호와의 성전
에서 발견한 책에 기록된 율법의 말씀을
이루려 함이라
25 요시야와 같이 마음을 다하며 뜻을 다
하며 힘을 다하여 모세의 모든 율법을 따

18

19

20

요시야 왕이 유월절을 지키다(대하 35:1-19)

21

22

23

요시야의 나머지 개혁

24

25

라 여호와께로 돌이킨 왕은 요시야 전에 도 없었고 후에도 그와 같은 자가 없었더 라

26 **그러나 여호와께서 유다를 향하여 내리신 그 크게 타오르는 진노를 돌이키지 아니하셨으니 이는 므낫세가 여호와를 격노하게 한 그 모든 격노 때문이라**

27 **여호와께서 이르시되 내가 이스라엘을 물리친 것 같이 유다도 내 앞에서 물리치며 내가 택한 이 성 예루살렘과 내 이름을 거기에 두리라 한 이 성전을 버리리라 하셨더라**

요시야가 죽다(대하 35:20-36:1)

28 **요시야의 남은 사적과 행한 모든 일은 유다 왕 역대지략에 기록되지 아니하였느냐**

29 **요시야 당시에 애굽의 왕 바로 느고가 앗수르 왕을 치고자 하여 유브라데 강으로 올라가므로 요시야 왕이 맞서 나갔더니 애굽 왕이 요시야를 므깃도에서 만났을 때에 죽인지라**

30 **신복들이 그의 시체를 병거에 싣고 므깃도에서 예루살렘으로 돌아와 그의 무덤에 장사하니 백성들이 요시야의 아들 여호아하스를 데려다가 그에게 기름을 붓고 그의 아버지를 대신하여 왕으로 삼았더라**

유다 왕 여호아하스(대하 36:2-4)

31 **여호아하스가 왕이 될 때에 나이가 이십삼 세라 예루살렘에서 석 달간 다스리**

26

27

요시야가 죽다(대하 35:20-36:1)

28

29

30

유다 왕 여호아하스(대하 36:2-4)

31

니라 그의 어머니의 이름은 하무달이라
립나 예레미야의 딸이더라

32 여호아하스가 그의 조상들의 모든 행
위대로 여호와 보시기에 악을 행하였더
니

33 바로 느고가 그를 하맛 땅 리블라에 가
두어 예루살렘에서 왕이 되지 못하게 하
고 또 그 나라로 은 백 달란트와 금 한 달
란트를 벌금으로 내게 하고

34 바로 느고가 요시야의 아들 엘리아김
을 그의 아버지 요시야를 대신하여 왕으
로 삼고 그의 이름을 고쳐 여호야김이라
하고 여호아하스는 애굽으로 잡아갔더니
그가 거기서 죽으니라

35 여호야김이 은과 금을 바로에게 주니
라 그가 바로 느고의 명령대로 그에게 그
돈을 주기 위하여 나라에 부과하되 백성
들 각 사람의 힘대로 액수를 정하고 은금
을 징수하였더라

유다 왕 여호야김(대하 36:5-8)

36 여호야김이 왕이 될 때에 나이가 이십
오 세라 예루살렘에서 십일 년간 다스리
니라 그의 어머니의 이름은 스비다라 루
마 브다야의 딸이더라

37 여호야김이 그의 조상들이 행한 모든
일을 따라서 여호와 보시기에 악을 행하
였더라

24
여호야김 시대에 바벨론의 왕 느
부갓네살이 올라오매 여호야김이
삼 년간 섬기다가 돌아서 그를 배반하였

32

33

34

35

유다 왕 여호야김(대하 36:5-8)

36

37

24

더니

2 여호와께서 그의 종 선지자들을 통하
여 하신 말씀과 같이 갈대아의 부대와 아
람의 부대와 모압의 부대와 암몬 자손의
부대를 여호야김에게로 보내 유다를 쳐
멸하려 하시니

3 이 일이 유다에 임함은 곧 여호와의 말
씀대로 그들을 자기 앞에서 물리치고자
하심이니 이는 므낫세의 지은 모든 죄 때
문이며

4 또 그가 무죄한 자의 피를 흘려 그의
피가 예루살렘에 가득하게 하였음이라
여호와께서 사하시기를 즐겨하지 아니하
시니라

5 여호야김의 남은 사적과 행한 모든 일
은 유다 왕 역대지략에 기록되지 아니하
였느냐

6 여호야김이 그의 조상들과 함께 자매
그의 아들 여호야긴이 대신하여 왕이 되
니라

7 애굽 왕이 다시는 그 나라에서 나오지
못하였으니 이는 바벨론 왕이 애굽 강에
서부터 유브라데 강까지 애굽 왕에게 속
한 땅을 다 점령하였음이더라

유다 왕 여호야긴(대하 36:9-10)

8 여호야긴이 왕이 될 때에 나이가 십팔
세라 예루살렘에서 석 달간 다스리니라
그의 어머니의 이름은 느후스다요 예루
살렘 엘라단의 딸이더라

9 여호야긴이 그의 아버지의 모든 행위

2

3

4

5

6

7

유다 왕 여호야긴(대하 36:9-10)

8

9

를 따라서 여호와께서 보시기에 악을 행
하였더라
10 그 때에 바벨론의 왕 느부갓네살의 신
복들이 예루살렘에 올라와서 그 성을 에
워싸니라
11 그의 신복들이 에워쌀 때에 바벨론의
왕 느부갓네살도 그 성에 이르니
12 유다의 왕 여호야긴이 그의 어머니와
신복과 지도자들과 내시들과 함께 바벨
론 왕에게 나아가매 왕이 잡으니 때는 바
벨론의 왕 여덟째 해이라
13 그가 여호와의 성전의 모든 보물과 왕
궁 보물을 집어내고 또 이스라엘의 왕 솔
로몬이 만든 것 곧 여호와의 성전의 금 그
릇을 다 파괴하였으니 여호와의 말씀과
같이 되었더라
14 그가 또 예루살렘의 모든 백성과 모든
지도자와 모든 용사 만 명과 모든 장인과
대장장이를 사로잡아 가매 비천한 자 외
에는 그 땅에 남은 자가 없었더라
15 그가 여호야긴을 바벨론으로 사로잡
아 가고 왕의 어머니와 왕의 아내들과 내
시들과 나라에 권세 있는 자도 예루살렘
에서 바벨론으로 사로잡아 가고
16 또 용사 칠천 명과 장인과 대장장이 천
명 곧 용감하여 싸움을 할 만한 모든 자들
을 바벨론 왕이 바벨론으로 사로잡아 가
고
17 바벨론 왕이 또 여호야긴의 숙부 맛다니
야를 대신하여 왕으로 삼고 그의 이름을 고

10
11
12
13
14
15
16
17

쳐 시드기야라 하였더라

유다 왕 시드기야(대하 36:11-12; 렘 52:1-3상)

18 시드기야가 왕이 될 때에 나이가 이십
일 세라 예루살렘에서 십일 년간 다스리
니라 그의 어머니의 이름은 하무달이요
립나인 예레미야의 딸이더라

19 그가 여호야김의 모든 행위를 따라 여
호와 보시기에 악을 행한지라

20 여호와께서 예루살렘과 유다를 진노
하심이 그들을 그 앞에서 쫓아내실 때까
지 이르렀더라 시드기야가 바벨론 왕을
배반하니라

예루살렘의 멸망(대하 36:13-21; 렘 52:3하-11)

25 시드기야 제구년 열째 달 십일에
바벨론의 왕 느부갓네살이 그의
모든 군대를 거느리고 예루살렘을 치러
올라와서 그 성에 대하여 진을 치고 주위
에 토성을 쌓으매

2 그 성이 시드기야 왕 제십일년까지 포
위되었더라

3 그 해 넷째 달 구일에 성 중에 기근이
심하여 그 땅 백성의 양식이 떨어졌더라

4 그 성벽이 파괴되매 모든 군사가 밤중
에 두 성벽 사이 왕의 동산 곁문 길로 도
망하여 갈대아인들이 그 성읍을 에워쌌
으므로 그가 아라바 길로 가더니

5 갈대아 군대가 그 왕을 뒤쫓아가서 여
리고 평지에서 그를 따라 잡으매 왕의 모
든 군대가 그를 떠나 흩어진지라

6 그들이 왕을 사로잡아 그를 리블라에

유다 왕 시드기야(대하 36:11-12; 렘 52:1-3상)

18

19

20

예루살렘의 멸망(대하 36:13-21; 렘 52:3하-11)

25

2

3

4

5

6

있는 바벨론 왕에게로 끌고 가매 그들이
그를 심문하니라

7 **그들이 시드기야의 아들들을 그의 눈**
앞에서 죽이고 시드기야의 두 눈을 빼고
놋 사슬로 그를 결박하여 바벨론으로 끌
고 갔더라

7

성전 붕괴(렘 52:12-33)

성전 붕괴(렘 52:12-33)

8 **바벨론 왕 느부갓네살의 열아홉째 해**
오월 칠일에 바벨론 왕의 신복 시위대장
느부사라단이 예루살렘에 이르러

8

9 **여호와의 성전과 왕궁을 불사르고 예**
루살렘의 모든 집을 귀인의 집까지 불살
랐으며

9

10 **시위대장에게 속한 갈대아 온 군대가**
예루살렘 주위의 성벽을 헐었으며

10

11 **성 중에 남아 있는 백성과 바벨론 왕에**
게 항복한 자들과 무리 중 남은 자는 시위
대장 느부사라단이 모두 사로잡아 가고

11

12 **시위대장이 그 땅의 비천한 자를 남겨**
두어 포도원을 다스리는 자와 농부가 되
게 하였더라

12

13 **갈대아 사람이 또 여호와의 성전의 두**
놋 기둥과 받침들과 여호와의 성전의 놋
바다를 깨뜨려 그 놋을 바벨론으로 가져
가고

13

14 **또 가마들과 부삽들과 부집게들과 숟**
가락들과 섬길 때에 쓰는 모든 놋그릇을
다 가져갔으며

14

15 **시위대장이 또 불 옮기는 그릇들과 주**
발들 곧 금으로 만든 것이나 은으로 만든

15

것이나 모두 가져갔으며
16 또 솔로몬이 여호와의 성전을 위하여
만든 두 기둥과 한 바다와 받침들을 가져
갔는데 이 모든 기구의 놋 무게를 헤아릴
수 없었으니
17 그 한 기둥은 높이가 열여덟 규빗이요
그 꼭대기에 놋 머리가 있어 높이가 세 규
빗이요 그 머리에 둘린 그물과 석류가 다
놋이라 다른 기둥의 장식과 그물도 이와
같았더라

유다 백성이 바벨론으로 사로잡혀 가다
(렘 52:24-27)

18 시위대장이 대제사장 스라야와 부제
사장 스바냐와 성전 문지기 세 사람을 사
로잡고
19 또 성 중에서 사람을 사로잡았으니 곧
군사를 거느린 내시 한 사람과 또 성 중에
서 만난 바 왕의 시종 다섯 사람과 백성을
징집하는 장관의 서기관 한 사람과 성 중
에서 만난 바 백성 육십 명이라
20 시위대장 느부사라단이 그들을 사로
잡아 가지고 리블라 바벨론 왕에게 나아
가매
21 바벨론 왕이 하맛 땅 리블라에서 다 쳐
죽였더라 이와 같이 유다가 사로잡혀 본
토에서 떠났더라

유다 지도자 그달리야(렘 40:7-9; 41:1-3)

22 유다 땅에 머물러 있는 백성은 곧 바벨
론 왕 느부갓네살이 남긴 자라 왕이 사반
의 손자 아히감의 아들 그달리야가 관할

16

17

유다 백성이 바벨론으로 사로잡혀 가다
(렘 52:24-27)

18

19

20

21

유다 지도자 그달리야(렘 40:7-9; 41:1-3)

22

하게 하였더라

23 모든 군대 지휘관과 그를 따르는 자가
바벨론 왕이 그달리야를 지도자로 삼았
다 함을 듣고 이에 느다니야의 아들 이스
마엘과 가레아의 아들 요하난과 느도바
사람 단후멧의 아들 스라야와 마아가 사
람의 아들 야아사니야와 그를 따르는 사
람이 모두 미스바로 가서 그달리야에게
나아가매

24 그달리야가 그들과 그를 따르는 군사
들에게 맹세하여 이르되 너희는 갈대아
인을 섬기기를 두려워하지 말고 이 땅에
살며 바벨론 왕을 섬기라 그리하면 너희
가 평안하리라 하니라

25 칠월에 왕족 엘리사마의 손자 느다니
야의 아들 이스마엘이 부하 열 명을 거느
리고 와서 그달리야를 쳐서 죽이고 또 그
와 함께 미스바에 있는 유다 사람과 갈대
아 사람을 죽인지라

26 노소를 막론하고 백성과 군대 장관들
이 다 일어나서 애굽으로 갔으니 이는 갈
대아 사람을 두려워함이었더라

여호야긴이 석방되다(렘 52:31-34)

27 유다의 왕 여호야긴이 사로잡혀 간 지
삼십칠 년 곧 바벨론의 왕 에윌므로닥이
즉위한 원년 십이월 그 달 이십칠일에 유
다의 왕 여호야긴을 옥에서 내놓아 그 머
리를 들게 하고

28 그에게 좋게 말하고 그의 지위를 바벨
론에 그와 함께 있는 모든 왕의 지위보다

23

24

25

26

여호야긴이 석방되다(렘 52:31-34)

27

28

높이고

29 **그 죄수의 의복을 벗게 하고 그의 일평**
생에 항상 왕의 앞에서 양식을 먹게 하였
고

30 **그가 쓸 것은 날마다 왕에게서 받는 양**
이 있어서 종신토록 끊이지 아니하였더
라

29

30

NOTE

NOTE

남기고 싶은 글

주기도문 새번역

하늘에 계신 우리 아버지,
아버지의 이름을 거룩하게 하시며
아버지의 나라가 오게 하시며,
아버지의 뜻이 하늘에서와 같이 땅에서도 이루어지게 하소서.
오늘 우리에게 일용할 양식을 주시고,
우리가 우리에게 잘못한 사람을 용서하여 준 것같이
우리 죄를 용서하여 주시고,
우리를 시험에 빠지지 않게 하시고, 악에서 구하소서.
나라와 권능과 영광이 영원히 아버지의 것입니다.
아멘.

새번역 사도신경

나는 전능하신 아버지 하나님, 천지의 창조주를 믿습니다.
나는 그의 유일하신 아들, 우리 주 예수 그리스도를 믿습니다.
그는 성령으로 잉태되어 동정녀 마리아에게서 나시고,
본디오 빌라도에게 고난을 받아 십자가에 못 박혀 죽으시고,
장사된 지 사흘 만에 죽은 자 가운데서 다시 살아나셨으며,
하늘에 오르시어 전능하신 아버지 하나님 우편에 앉아 계시다가,
거기로부터 살아 있는 자와 죽은 자를 심판하러 오십니다.
나는 성령을 믿으며, 거룩한 공교회와 성도의 교제와
죄를 용서받는 것과 몸의 부활과 영생을 믿습니다.
아멘.

십계명

제일은, 너는 나 외에는 다른 신들을 네게 두지 말라.

제이는, 너를 위하여 새긴 우상을 만들지 말고,
또 위로 하늘에 있는 것이나, 아래로 땅에 있는 것이나,
땅 아래 물 속에 있는 것의 어떤 형상도 만들지 말며,
그것들에게 절하지 말며, 그것들을 섬기지 말라.

제삼은, 너는 네 하나님 여호와의 이름을 망령되게 부르지 말라.

제사는, 안식일을 기억하여 거룩하게 지키라.

제오는, 네 부모를 공경하라.

제육은, 살인하지 말라.

제칠은, 간음하지 말라.

제팔은, 도둑질하지 말라.

제구는, 네 이웃에 대하여 거짓 증거하지 말라.

제십은, 네 이웃의 집을 탐내지 말라.

손글씨성경 [구약8_열왕기상,하]

2022년 6월 1일 초판 1쇄 발행

펴 낸 이 김수곤
디 자 인 디자인이츠
발 행 처 MISSION TORCH
등 록 일 1999년 9월 21일 제 54호
등록주소 서울 송파구 백제고분로 27길 12(삼전동)
전　　화 (02)2203-2739
팩　　스 (02)2203-2738
이 메 일 ccm2you@gmail.com
홈페이지 www.ccm2u.com